KB111784

골드키즈야, 엄마랑 영어놀이터에서 놀자!

Good morning Hi How are you?

'엄마표 영어'를 위한
필독서

골드키즈야,
엄마랑
영어놀이터에서
놀자!

이미화 지음

'라임 아이들'처럼
영어와 재미있게
노는 법

책읽는귀족

"쉿~! 영어를 진짜 잘할 수 있는
단 하나의 방법을 알려줄게"

'극성 엄마'에서 열정이 넘치는 '조기 영어교육 전문가'로!

어찌 보면 나는 한때 극성 중에도 극성 엄마였다. 오로지 하나밖에 없는 딸아이를 위해 영어책 읽기가 시작되었다. 한번 꽂히면 끝없이 빠져드는 내 성격 때문에 집안, 내 가방, 내 머릿속에는 온통 영어책으로 가득 채워져 갔다. 이런 식으로 영어 동화책을 아이에게 줄곧 읽어주다 보니 아이와 함께 나도 그 즐거움에 빠져들었다.

그때 문득 내 머릿속을 스치는 생각 하나. 우리 딸아이에게만 엄마로서 영어책을 읽어주는 게 아니라, 영어 선생님으로서 아이들을 잘 가르쳐 보고 싶었다. 내 인생의 새로운 도전은 이렇게 시작되었다.

주중에는 열심히 육아와 책 읽기에 매진했다. 주말에는 부산과 서울로 영어교육 전문가 수업을 받으러 다녔다. 몸은 힘들었지만, 공부하러 가는 그 순간만은 기쁨으로 가득 찼다. 멀리서 배워온 내용을 아이들에게 실험해 보는 것도 너무나 즐거웠다.

아이들은 깨끗한 백지와 같아서 내가 전달하고자 하는 것을 편견 없이 흡수해서 표현해주었다. 그럴수록 이런 다짐이 내 머릿속을 맴돌았다.

'정말 내가 공부를 많이 해야 하는구나. 내가 아는 만큼만 아이들에게 보여줄 수 있겠구나!'

이런 생각이 드니 공부를 게을리할 수 없었다.

그러다 어느덧 딸아이가 초등학교에 입학할 무렵이 되었다. 그 시기를 앞두고 나는 고민에 빠졌다. 아이를 돌보는 것과 나의 공부와 일을 동시에 유지하기가 더는 힘들어졌기 때문이다. 깊이 고민할 겨를도 없이, 아이가 입학할 초등학교 인근에 어학원을 열었다. '라임 어학원'이라는 이름으로 말이다. 나는 일단 딸아이를 편안하게 돌보면서 내가 원하는 일도 할 수 있었기에, 두 번 생각할 필요 없이 그 길을 선택해야 했다.

마법처럼 간절한 소망이 이루어지다! ──

학원을 여는 그 순간부터 나는 한 번도 학원이 안 될 거라는 고민을 해본 적이 없었다. 그런 고민과 걱정은 나에게는 사치였다. 그 당시 경제 사정은 무조건 잘되어야만 했기 때문이다. 다행히 나의 바람대로 학원은 순풍에 돛 단 듯이 성장해 나갔다. 도저히 믿을 수 없을 만큼 급속도로 커갔다.

하지만 급하게 진행된 일은 탈이 나게 되어있었다. 교육자로서 나는 너무 열정적이었지만, 처음 어학원을 운영해보는 초보 경영자라서 경영에는 젬병이었다. 그때 나는 무조건 아이들에게 좀 더 효과적으로 영어를 접하게 해주고 싶은 욕심을 버릴 수가 없었고, 그 결과로 현실과 이상을 절충시키지 못했다. 현실은 최소한 이상을 떠받칠 힘이 있어야 한다는 그 사실을 깨닫는 데는 5년이라는 세월이 걸렸고, 결국 편치 않은 마음으로 학원 문을 닫아야 했다.

그런데 어학원을 하면서 아이들을 위해 준비했던 산더미 같은 영어책을 도저히 집안에 둘 곳이 없었다. 이런저런 생각을 하다가, 나는 결국 책들과 함께 놀아 볼 요량으로 6평짜리 아파트 상가를 구했다. 한두 달이 지나니 감사하게도 내 소식을 듣고 학부모님들에게서 연락이 오기 시작했다. 나도 아이들과 함께했던 시간이 그리워질 무렵이기도 했다. 내가 가야 할 길은 여기, 이 자리라는 사실을 다시 깨닫고 수업을 새롭게 시작했다. 다시 시작된 아이들과의 동행, 특히 함께 영어책에 둘러싸여 보내는 시간은 더없이 소중했다. 온전히 아이들에게만 집중할 수 있으니 힘든 일도 없었다.

그리하여 참으로 감사하게도 6평의 공간에 믿지 못할 만큼 많은 아이가 수업하기 위해 오고 갔다. 점점 아이들이 많아지자, 난 이 아이들에게 좀 더 나은 '라임 공간'을 마련해 주고 싶은 마음이 간절하게 들기 시작했다.

그러자 정말 믿기지 않는 기적이 일어났다. 평소에 눈여겨보고 있던 곳에 아이들과 함께할 건물을 지을 기회가 왔다. 나는 그 기회를 절대 놓치고 싶지 않았다!

마법처럼 나의 간절한 소망은 이루어졌다. 지금 우리 '라임 영어연구소' 아이들은 그 당시 내 상상 속에만 있던 그곳에서 즐겁게 영어 동화책과 놀고 있다. 영어에 대한 극성으로 시작되었고, 내 딸아이의 엄마이기만 했던 나는 이제 더 많은 아이의 영어 선생님이 되었다. 그것은 모두 나와 아이들이 영어 동화 세계에 푹 빠져들었기 때문이다.

난 아이들에게 영어만을 가르치지는 않는다. 영어 동화책을 통해서 아이들에게 무한한 상상력과 생각의 세상을 열어주고 싶은 것이다. 그래서 나의 분신이자, 아이들의 영어놀이터인 '라임 영어연구소'는 언어의 장벽을 뛰어넘어 전 세계를 무대로 자신의 꿈을 펼칠 생각 부자 아이들과 함께한다.

처음에 조기 영어교육 전문가로서 새로운 길에 도전했을 때, 난 정말 아이들을 잘 가르치고 싶었다. 한번 마음먹은 일은 절대 포기하지 않는 꾸준한 내 성격으로 마침내 '해냄의 법칙'을 알았고, 이 법칙들이 내 삶 곳곳에 스며들었다. 그래서 결국 '생각 부자가 커가는 라임 영어연구소'라는 영어놀이터에서 아이들과 함께하고 있다. 하지만 나는 여기서 그치지 않고 우리나라의 더 많은 아이, 그리고 엄마들과 함께 내가 돌고 돌아와서 알게 된 이 법칙을 나누고 싶다.

　우리 아이들이 동네 놀이터에서 신나게 뛰어놀듯이 영어도 역시 영어놀이터에서 즐겁게 뛰어놀면서 영어를 쉽고 재밌게 받아들이길 바란다. 그리하여 더불어 전 세계를 무대로 활동해야 할 우리 아이들의 생각 크기도 무한대로 커가길 간절히 소망한다. 이제부터 그 방법을 엄마들과 함께 나누고 싶다.

2020년 5월
라임 영어연구소에서
이미화

Contents

Part 1
어쩌다 보니 영어 선생님이 되다

Part 2
우리가 알고 있던 영어 교육법은 버려라

Part 5
영어 독서, 나만 믿고 따라와!

Part 6
쉿! 미국 교실에서 무슨 일이 일어나는지 알려줄게

GOLD KIDS

자기만의 색깔이 있는 골드키즈의 마법,
영어놀이터에서 시작되다~!

'생각 부자'
아이들과 함께!

영어 '공부'? 이젠 잊어버려!
영어랑 놀기만 해~!
다 같이 영어놀이터로~!

A B C D E
F G H I J K
L M N O P
Q R S T U
V W X Y Z

Part 1

어쩌다 보니 영어 선생님이 되다

평범한 엄마에서
출발했지만 ──

　　딸아이를 낳은 지 1년도 채 되지 않은 때였다. 아직 몸에 부기도
빠지지 않았고, 내 마음도 역시 부기가 빠지지 않은 상태였다. 남
들도 한번은 다 겪는다는 산후 우울증으로 침울한 나날들을 보내
고 있던 그때, 주위에서 "아이 키우면서 쉬니까 좋지?"라고 물색없
이 묻는 사람들이 간혹 있었다. 그럴 때마다 내 눈은 허공을 헤맸다.
하지만 한편으로는 딸아이를 바라보면 너무도 행복했다. 그 반면에
나의 미래를 생각하면 컴컴한 망망대해에 정처 없이 떠 있는 거 같
았다.

　　그러던 어느 날이었다. 우리 딸아이와 함께 외국인 친구들과 즐
거운 식사를 하고 있었다. 내 얼굴은 예의상 활짝 웃고 있었지만, 속

으로는 '또 못 알아들으면 어쩌지'라며 마음을 졸이고 있었다. 말이 빨라지면 대화를 완전히 못 알아듣는다는 사실을 숨기고 싶었기에 나는 더욱더 활짝 웃고 리액션도 크게 했다. 그렇게 즐거운 대화가 무르익을 무렵, 아니나 다를까 또 단어 하나가 막혔다. 올 것이 왔다. 못 알아듣기 시작했다. 내 머릿속은 새하얗게 리셋이 되었다. 그 때부터 등 뒤에선 식은땀이 흐르고 얼굴엔 당황한 빛이 역력했다.

그 당황스러운 순간, 갑자기 돌도 안 된 딸아이가 유창한 영어로 외국인 친구에게 답변하는 게 아닌가! 어찌나 유창하든지, 나는 놀란 표정을 감추지 못한 채 부러운 눈빛으로 한참을 바라보았다. 정신을 차리고 보니 내 딸이었다. 너무도 기쁘면서도 황당한 나는 이게 어떻게 된 일인지를 파악하려는 순간, 잠에서 깨어났다.

휴……, 꿈이라는 사실을 알아차리자 나는 저절로 안도의 한숨을 내쉬었다. 일단 그 당황스러운 상황을 모면해서 기분은 좋았다. 한편으로는 내 아이가 컸을 때 이런 상황이 실제로 일어나지 말란 법은 없지 않을까, 하는 생각으로 정신이 번쩍 들었다. "엄마, 지금 저 외국인이 하는 대화를 못 알아듣는 거야?"라고 딸이 묻는다면 그때 내 기분은 어떨까? 상상만 해도 등에서 식은땀이 흐르는 거 같다.

대학을 졸업한 뒤로도 막연히, 정말 막연히 영어를 잘하고 싶었던 나는 외국인 수업도 열심히 다녔다. 이제까지 배워 온 방식대로 나는 영어 회화책과 문법책을 붙들고 늘어졌다. 역시 영어 실력이 늘어 날 리는 없었다. 그걸 느낄 때마다 영어는 내가 잘할 수 있는 게 아니라고 절망했다. 동시에 내 아이가 나중에 태어나면 나같이 영어를 어렵게 배우지는 않게 해야겠다는 굳은 결심을 했다. 이런 생각들이 영어 천재를 꿈속에서 만나게 해준 셈이었다. 그날 난 이 꿈을 꾸고 나서, 다시 한번 그 결심을 또렷하게 내 마음속에 새겨넣었다.

영어 스트레스를 해결해주는 만병통치약은 없을까? ──

우리나라 사람들은 사실 남녀노소 가리지 않고 영어 스트레스가 정도의 차이는 있겠지만, 모두가 있다고 헤도 과언이 아니다. 나 역시 그랬고, 나와 같은 방식대로 공부한다면 나의 자식 역시 그러할 것이다. 그렇다면 우리는 언제까지 영어 스트레스를 안고 살아가야 할까. 그 숙명 아닌 숙명에서 벗어날 방법은 없는 걸까. 우리가 영어를 즐겁게 배울 수 있고, 영어 스트레스에서 벗어나게 해줄 '만병통치약'은 어디에 있을까?

그 꿈을 꾼 이후부터 조기 영어에 대해 미친 듯이 자료를 찾기 시작했지만, 괜찮은 자료를 찾기는 생각만큼 수월하지는 않았다.

서점에는 '엄마표' 영어 회화책이 가장 많이 진열되었다. 물론 그 책들도 사서 열심히 읽고 외워보기도 했다. 학창시절의 영어 공부에 이은, 또 다른 암기세계가 펼쳐진 것이다. 그런데 그 책들의 저자에 대해 꼼꼼히 읽어보니, 역시 그들은 영어영문학 전공, 몇 년간의 외국 생활, 그리고 TESOL(국제영어교사자격증) 과정을 거쳤다.

'아……, 나와 시작점이 다르구나. 난 그저 평범한 엄마일 뿐인데.'

이런 생각에 잠시 열정이 멈칫했지만, 나는 '엄마'라는 이름으로 다시 길을 찾았다. 내 아이에게만은 좀 더 편안한 영어 세상을 열어주겠다는 열망이 나를 그 자리에서 멈추게 하지 않았다. 그리 헤매다 찾은 것이 바로 영어 동화책이었다. 알파벳도 모르고 입학했던 중학교 시절, 그때부터 출산할 때까지 영어 교과서와 맨투맨 그리고 영어 회화책 이외에는 영어를 접해 본 적이 없던 나였다. 그런 나로서는 영어 동화책이 매우 낯설었다. 솔직히 말하자면, 사실 나는 모든 책과 거리가 먼 사람이었다. 그동안 책을 읽는 즐거움을 전혀 몰랐던 셈이었다.

이런 내가 어린이 한글 동화책도 아니고, 영어 동화책을 사려고 하니 참으로 막막했다. 그 시절 유명했던 어떤 영어 인터넷 사이트를 구세주처럼 찾았다. 영어 동화책도 소개해줄 뿐만 아니라, 판매도 했다. 나는 눈이 번쩍 뜨인 것처럼 그 사이트에서 추천해주는 책들을 일단 마구 주문하기 시작했다.

나는 기대에 잔뜩 부풀었다. 영어 동화책만 읽어주면 우리 아이가 원어민처럼 영어를 할 수 있을 것이라 거창한 기대를 하기 시작했다. 처음으로 구매한 책은 에릭 칼(Eric Carle)의 시리즈였다. 그림은 예뻤다. 글자도 읽을 수는 있었다. 하지만 예상치도 못한 문제에 다다랐다.

'우리 딸아이에게 이걸 어떻게 읽어줘야 하나?'

책에 적힌 글자만 읽어주면 당연히 아이가 모를 것이고, 그림을 설명해주자니 내 영어 실력은 그걸 따라가지 못했다. 그 예상하지 못했던 벽 앞에서 잠시 난 멍해졌다. 그러자 영어 동화책을 괜히 샀다는 후회마저 들었다.

'아하! 영어 동화책을 사는 게 다가 아니었구나.'

나름 중학교 이후로 영어를 열심히 한다고 했는데, 아이에게 영어 동화책도 제대로 읽어 줄 수 없는 상황에 적잖이 실망했다. 일단 동화책에 대한 공감력이 떨어지니, 내가 아이에게 책을 재미나게 읽어 줄 수가 없었다. 그때 딸아이는 한글로 된 동화책을 읽어주면 쪼르륵 달려와 자석처럼 나에게 찰싹 붙어 앉았다.

"엄마, 또! 또! 또! 읽어주세요."

그러나 영어 동화책을 읽어주려고 하면 아이는 이미 슬슬 내 눈치만 보고 억지로 옆에 앉았다.

'어떻게 하면 우리 아이가 영어 동화책을 한글 동화책처럼 흥미

를 느낄 수 있을까?'

그때부터 내 고민은 더 깊어졌다. 그리고 나는 일단 머뭇거리지 않고 행동을 시작했다. 영어 동화에 관련된 오프라인 수업을 뒤지기 시작했다. 다행히 문화센터에서 진행되는 수업을 찾아냈다. 차가 없던 그 시절, 튼실한 딸아이를 업은 채로 버스를 타고 열심히 수업을 다녔다. 다행히도 순둥이였던 딸은 강의장에서도 소리 내어 단 한 번도 울지 않고 방긋방긋 웃었다. 그렇게 딸아이는 이 엄마를 도와주었다. 나는 딸아이의 이런 소리 없는 응원에 힘입어, 영어 동화책의 매력에 푹 빠져들었다. 그때부터 돈이 조금이라도 생기면 동화책을 또 사 모으기 시작했다.

무작정 읽고 또 읽다 ───

그림책에 익숙하지 않던 나였지만, 일단 책을 무작정 읽었다. 모르는 단어가 나오면 어찌해야 할지를 몰랐다. 그래서 예전처럼 사전을 뒤적여 발음기호와 뜻을 적었다. 책을 읽으면 읽을수록 그림이 주는 의미를 점점 알게 되었다. 시간이 흐를수록 사전이 없이도 즐겨 읽을 수 있었다. 아이에게 읽어줘야 할 책들은 아이가 낮잠 자는 시간 동안 혼자서 소리 내어 읽기 연습을 했다.

여유만 생기면 인터넷으로 책을 주문하고 그 책이 오기만을 손꼽아 기다렸다. 영어 동화책의 특성상 책 두께가 상당히 얇았다. 그래서 열심히 사모아도 책의 양이 적어 보였다. 이상한 도전 의식이 발동된 나는 더욱더 열심히 영어 동화책을 모으고 또 모았다. 사실 영어 동화책에 대한 집착과 열정이 지금의 나를 만들기도 했지만, 지출이 심해질수록 가족의 눈치를 본 것도 사실이다. "책을 또 샀어?"라는 말을 듣지 않기 위해 택배 상자를 신속히 처리해서 흔적을 없앴다. 원래 하지 말라고 하는 일을 몰래 하면 더 재미있는 것처럼 책을 사 모으면 모을수록 재미있었다.

사 모은 책들을 읽으면 읽을수록 예전에 느끼지 못했던 책의 감동을 맛보았다. 정말 읽으면 읽을수록 동화책의 순수함에 반하고 위트에 즐거워졌다. 가장 멋진 건 나를 울컥하게 만드는 순간들이었다. 멋진 작가들이 쉴새 없이 상상력을 발휘하여 연주해대는 동화는 참으로 아름다웠다.

딸아이를 업고 재울 때도 나는 동화책을 자장가 대신 읽어주곤 했다. 그 감동이 아이에게 고스란히 전달되었는지, 책을 읽어 줄 때 아이도 함께 울먹이곤 했다. 심지어 책의 표지만 봐도 방긋 웃거나 울먹이기도 했다.

그중 항상 내 눈시울을 적시게 만든 책이 있었으니, 바로 로버트 먼치(Robert Munsch)의 『언제나 너를 사랑해(Love you forever)』였다. 나는 딸아이를 재울 때 그 책에 나온 노래를 자장가로 많이 불러주었다.

I'll love you forever, I'll like you for always, As long as I'm living. My baby you'll be.
(엄만 너를 영원히 사랑해, 언제나 너를 사랑해, 내가 살아있는 한 너는 나의 아기야.)

아직도 이 가사만 보면 코끝이 찡하다.

나는 딸아이에게 책을 많이 사주는 대신에 장난감을 거의 사준 적이 없었다. 책을 장난감처럼 가지고 신나게 함께 놀았다. 어디를 가나 나의 가방에는 영어 동화책, 스케치북, 그리고 색연필이 있었다. 그것만 있으면 어디를 가나 아이와 함께 즐겁게 시간을 보낼 수 있었기 때문이다. 가끔 영어 동화책을 읽어주고 있으면, 나이 드신 어르신이 나의 등짝을 때리시곤 했다.

"아직 한글도 모르는 아이한테 무슨 영어책이고!"

하지만 난 개의치 않고 열심히 읽고 또 읽어주었다. 그 발자국들이 이제 나와 딸아이에게는 무엇과도 바꿀 수 없는 소중한 추억이다. 이제 고1이 되는 딸아이는 놀랍게도 그 동화책을 아직도 하나하나 기억한다. 엄마와 함께 영어 동화책을 읽으면서 어린 시절을 보냈던 그 추억이 나와 내 딸아이의 가슴속에 소중하게 쌓여있다.

엄마가 들려주었던 그 동화책, 엄마와 함께 울고 웃었던 그 기억은 내 딸의 마음에 언제나 정신적 탯줄처럼 연결되어 남아있을 것이다. 그래서 앞으로 세상을 살아가는 동안 혹여 힘든 일이 있을 때도 허전하고 속상한 마음을 다독여줄 듯하다.

소리 내어
읽는 건
너무 어색해 ———

우리는 흔히 귀로 듣는 것보다는 눈으로 보는 것에 익숙하다. 어린 시절을 되돌아보면 학교에서든, 그 외의 장소에서든 소리를 내어 책을 읽는다는 건 흔히 있는 일이 아니었다. 특히나 독서에 취미가 없었던 나는 소리 내어 책을 읽어본 경험이 내 기억 속에는 존재하지 않는다. 동방예의지국의 특성상 남에게 방해가 되면 안 된다는 어떤 불문율 때문이었을 거다.

하지만 엄마가 되고 나니, 아이에게 책을 읽어주어야 하는 상황에서는 어쩔 수 없이 소리를 내어 책을 읽어야만 했다. 자연스럽게 나의 '소리 내어 책 읽기'가 시작되었다. 책 읽는 소리를 내 귀로 직접 듣는 건 참으로 어색했다. 30년 가까이 살아오면서 거의 접해 보지 못한 책 읽는 소리가 나 자신을 조금은 부끄럽게 만들었다.

특히나 의성어와 의태어가 많은 영어 동화책을 읽을 때는 실감이 나게 읽어야만 했다. 때로는 호랑이가 "어흥", 때로는 졸졸 흐르는 시냇물이 "졸졸졸", 어떤 때는 꼬부랑 할아버지가 "아이고, 이놈들" 이런 식으로 읽어야 했다. 내가 조금 더 실감 나게 읽어줄수록 아이의 집중력은 더욱더 높아져 갔다. 제삼자의 처지에서 나를 보면 한마디로 '극성 엄마의 오버 행동'으로 보였을 것이다. 하지만 어느새 어색했던 그 소리는 점점 익숙해져 갔다. 어린 시절 내가 소리 내어 책을 읽는 환경에 있었다면 아마도 책을 사랑하는 아이가 되지 않았을까 싶다.

지금부터 15년 전만 해도 영어 동화책을 소리 내어 읽어주는 부모님을 주위에서 찾아보기는 힘들었다. 비교 대상이 없었으므로 나는 더욱더 남의 시선을 의식하지 않고 영어 동화책을 소리 내어 어디서든 읽어주었다. 너무 흥미로운 건 어린이 도서관에서 내가 영어 동화책을 읽어주고 있노라면 엄마들은 나를 경계하는 반면에, 아이들은 내 주위로 몰려들었다는 사실이다. 마치 피리 부는 사나이처럼 아이들이 나에게 몰려들었다. 이런 '열혈 팬'들에 둘러싸이면 꼭 내가 뽀통령이라도 된 기분이었다. 그러다 보니 "아주머니, 하나만 더 읽어주세요!"라고 요청하는 아이들도 있었다. 어색함을 이겨내고 나오니, 내가 잘할 수 있는 분야가 보였다.

"뭐가 그리 급해요?" ——

그 무렵, 내 생활의 최우선순위는 아이에게 책을 읽어주는 것이었다. 한글로 된 책이든, 영어로 된 책이든 가리지 않고 많이 읽어줘야 한다는 사명감에 열심히 읽고 또 읽었다. 그즈음, 주위에서 걱정들이 쏟아져 나왔다. 모국어인 한글도 아직 읽지 못하는 아이에게 영어를 접하게 하는 건 매우 위험한 행동이라고 말이다. 나도 엄마가 처음 되어보는 거라, 확신은 없었다. 그래도 내가 이전에 실패했던 영어 학습의 길은 다시 가고 싶지는 않았다. 딸아이와 나는 영어든, 한국어든 상관없이 많은 대화를 했다. 더불어 독서를 통해 소리에 대한 노출을 계속 늘려 갔다.

뜨거운 교육열이 어린아이들에게도 전해졌다. 그 무렵 동네 엄마들은 아이들 한글 떼기 수업을 하는 데 열을 올렸다. 실제로 4세에 책을 읽는 아이들이 주위에 생겨나기 시작했다. 6세가 될 무렵에는 거의 모든 아이가 한글을 읽었다. 소리를 즐기던 우리 아이는 문자 해독에는 관심이 별로 없었다. 주위에서 가끔 우리 딸아이에게 "너 한글 읽을 줄 알지?"하고 물어보는 사람들도 있었다. 솔직히 고백하자면 그때 우리 아이가 영어를 너무 어릴 때부터 접해서 한글을 읽지 못 하는 건 아닐까 하고 걱정했다. 하지만 내 걱정은 아무짝에도 쓸모없었다. 언어에 대한 노출량이 많았던 딸은 7세 무렵에 한글을 읽는 것뿐만 아니라, 쓰기도 거뜬하게 해주었다. 엄마로서 아이를 믿지 못하고, 잠시나마 조급하게 마음먹었다는 게 미안했다.

한글을 늦게 떼면서 얻은 선물은 책에 대한 이해력과 몰입력이었다. 아이는 글을 읽을 수 없으니 부모가 책을 읽어 줄 때 눈으로 그림을 파악하고 설명에 귀를 기울이게 된 것이다. 책을 스스로 읽을 수 있을 당시에도 나는 멈추지 않고 책을 읽어주었다.

그런데 주변에선 안타깝게도 어린 시절 일찍 한글을 떼는 것이 마치 자기 아이가 영재인 것처럼 부모들은 자랑거리로 여긴다. 그 순간부터 아이는 혼자서 책을 읽어야만 한다. 실제로 일찍 한글을 뗀 아이들의 책 읽는 모습을 관찰해보면 그림을 파악하지 않고 문자만 따라 읽는 경우가 많다. 이런 경우 독후 활동을 해보면, 책의 내용을 잘 기억해내지 못한다. 뭐가 그리 급한가? 한글은 어차피 읽어낼 수밖에 없는 환경 아닌가? 네 살에 한글을 읽으나, 일곱 살에 읽으나, 아이 인생이 크게 달라지진 않는다. 우리는 엄마의 이름으로 아이를 믿고 기다려주어야 한다.

엄마가 아이에게 줄 수 있는 가장 큰 선물은 책을 읽어주는 것이다. 어린아이가 문자를 읽는다고 다 이해한다는 건 아니다. 다섯 살짜리 아이가 "태산이 높다 하되 하늘 아래 뫼이로다. 오르고 또 오르면 못 오를 리 없건마는"을 읽었다고 하자. 무슨 뜻인 줄 알까? 아이가 책을 읽을 수 있다는 사실을 내세워 엄마가 책을 읽어주는 걸

멈추는 건 일종의 직무유기일 수도 있다. 엄마의 이름으로 항상 아이 옆에서 함께 읽어주기를 간절히 바란다. 아이는 그 순간 엄마와 함께 책만 읽는 게 아니라, 엄마의 사랑까지도 마음으로 받아들이는 셈이니까.

난 글자 말고
소리가 더 좋더라 ──

문법 위주로만 영어를 배워 왔던 한국식 영어 학습자들은 영어에 대한 잠재적 두려움이 있다. 나 역시 그중의 하나였다. 영어를 책에서 글로만 배웠더니 소리로 다가오면 무척이나 겁이 났다. 그러나 소리를 내어 책을 읽고 또 읽었더니 점점 소리가 익숙해졌다. 그전에는 활자로 된 영어를 내가 눈으로 직접 보면서 읽고 뜻을 찾는 것이 편했다.

하지만 이제 소리에 친숙해지니까, 영어 동화책 CD나 DVD를 들어도 한결 편안해졌다. 집안일을 하면서 언제든지 들을 수 있으니 많은 시간을 할애할 수 있어서 더욱 좋았다.

게다가 우리 딸아이도 함께 소리에 노출이 된 건 기대 이상이었다. 귀에 익숙해지니, 이제는 아이와 평소에 대화할 때도 유용하게 활용할 수 있었다.

예를 들어 아이에게 "이거 한 입 먹어볼래?"라는 문장을 캔 헤이맨(Ken Heyman)의 『브래드, 브래드, 브래드(Bread Bread Bread)』에 나온 표현인 "Take a bite(한입 베어 물어봐)"로 대체해 보는 것이다. 물론 책에서 함께 보고 들었던 부분이라, 아이는 이내 내 말을 이해하고 행동으로 답을 해주었다.

'어라, 소리로 접근했더니 이렇게 생활에 바로 활용이 되는구나!'

아무리 내가 영어 문제집을 열심히 풀어도 생활에는 접목되지 않던 것들이 영어 동화책으로는 쉽게 이루어졌다.

소리로 접근하니 점점 영어에 대한 두려움이 사그라들었다. 두려움이 줄어드니 말을 뱉을 수 있는 용기가 생기기 시작했다. 용기를 얻어 집안 곳곳에 내가 하고 싶은 영어 표현을 써 붙였다. 무의식적으로 소리로 나올 때까지 연습하고 또 연습했다.

그렇게 매일 한 문장씩 늘려 가다 보니 조금, 아주 조금은 영어로 대화를 할 수 있었다. 예전에 아무리 글자로 영어를 외우고 또 외워도 뭔가 넘을 수 없는 벽 앞에 서 있던 기분이었다면, 이제는 소리를 내고 내뱉기 시작하니 그 벽을 넘어 볼 수 있을 거 같았다.

'이제 그 벽을 한번 넘어 볼까?'라는 마음이 서서히 생겨났다.

'그래, 글자 말고 소리를 즐기자!'

이렇게 마음먹고, 집에서는 영어로 된 DVD를 정해진 시간 동안 틀어 놨다. 이동하는 차 안에서는 동요 가사집인 『Wee sing children's song and finger play』와 전래동요(Nursery Rhymes)가 흘러나오도록 했다. 덕분에 하루 평균 서너 시간 동안만큼은 영어 소리에 푹 빠져 살았다.

내 마음속
팝송이
흘러나올 때 ——

1988년 봄, 포항에 살던 나는 아버지가 계시는 울산으로 전학을 왔다. 지역의 특성상 대기업이 그 중심을 이루고 있던 곳이었다. 그 대기업이 경영하는 중학교에 전학한 나는 그전에는 느껴보지 못한 고급스러운 분위기를 느낄 수 있었다. 학교 복도는 내가 알던 나무 바닥이 아니라 대리석이었고, 책상도 꽤 유명한 브랜드였다. 교실마다 칠판 옆에는 모니터가 있었고, 아침마다 파란 눈에 멋지게 생긴 외국인 아저씨가 기타를 치며 영어 노래를 불러주는 동영상이 흘러나왔다. 나는 아직도 그 노래를 기억한다.

"What's the matter?(어디가 아파?)"

"I have a headache(나 두통이야)."

아직도 그 영어 노래 가사가 또렷이 떠오른다. 아마도 글이 아닌 소리로 나에게 반복적으로 들어왔기 때문일 듯.

그러던 어느 날, 나는 어떤 광경을 마주했다. 내 인생엔 그야말로 기념비적인 날이었다. 학교가 시작되자, 반장 선거가 있었다. 전학을 와서 얼떨떨해 있던 나는 학급 반장으로 뽑힌 한 친구를 보았다. 그날 반장으로 선출된 기념으로 그 친구는 노래를 한 곡 불렀는데, 그 곡은 바로 비틀스의 '예스터데이(Yesterday)'였다. 아, 그때 받았던 충격을 어떻게 말로 표현할 수 있을까? 이제 알파벳을 배운 지 일 년밖에 안 된 나는 영어 교과서를 외우기에 급급했는데, 그 친구는 마치 외국의 유명한 여자 가수처럼 거침없이 팝송을 한 곡 멋들어지게 불렀으니! 그때 내가 느꼈던 감정은 신선한 놀라움이었다.

'뭐가 그리 다른 거지?'

그 사건 이후, 나는 이 질문이 늘 머릿속을 떠나질 않았다. 그만큼 일종의 문화충격을 받았던 것 같다. 나와는 다른 세상에 있는 듯한 그 친구가 왜 영어를 잘하는지가 궁금했다. 나중에야 알게 되었지만, 그 친구는 아버지가 대기업의 임원이셨다. 그 시절의 나는 요즘 중학생들과는 달리 임원이 무엇인지, 현장직이 무엇인지도 모르던 철부지였다. 하지만 그 친구와 내가 사는 환경이 많은 차이가 난다는 건 어렴풋이 깨닫고 있었다. 그 시절 우리 집에는 카세트 플레이어도, 동화책도 없었다. 영어를 자연스럽게 생활 속에 접할 그 무엇도 내겐 그 당시 주어지지 않았던 셈이다.

　어쨌든 중학생이 되고서야 비로소 소리로 전해 듣던 영어 노래
는 얼마나 황홀했는지! 지금도 나의 마음속에는 그 교실의 'Yes-
terday'가 아직도 여전히 울려 퍼지고 있다.

All my troubles seemed so far away.
(예전에는 내 모든 고통이 멀리 사라진 줄만 알았어.)

Now it looks as though they're here to stay.
(하지만 지금은 바로 여기 머물러 있는 듯해.)

Oh, I believe in yesterday……
(그래, 그랬던 날도 있었지……)

　그때부터 내 무의식 속엔 남들 앞에서 멋지게 영어를 잘하고 싶
은 잠재된 욕망이 꿈틀거리기 시작했다. 남들 앞에서 유창하게 영
어로 말하는 모습을 상상하면 기분이 좋아졌다.

영어와의
쓰라린 추억들 ──

그때부터 막연히 영어를 잘하고 싶었지만, 나는 그 당시 방법을 전혀 알지 못했다. 이제야 알게 되었지만, 그때는 영어 소리로 자극을 받을 환경이 제대로 조성되지 못했다. 그러니 영어에 대한 열정이 쉽게 사그라지는 건 당연한 일이었다. 그냥 다른 아이들이 하듯이, 나는 교과서와 자습서를 달달 외워서 영어 시험을 치르기에 바빴다. 영어를 다른 과목 공부하듯이 똑같이 했다. 책을 펼치고, 필기하고, 외우고……. 그래서 언제나 영어는 시험을 치고 나면 내 머리에서 잊혔다. 영어를 잘하고 싶은 마음은 꿀떡 같았지만, 늘 다람쥐 쳇바퀴 돌 듯 반복하고 또 반복했다. 결국, 늘어나는 건 영어 실력이 아니라 시험 문제의 정답을 찾는 실력이었다.

그러다가 대학생이 되었다. 대학생 시절, 다른 대학에 다니던 한 친구가 내게 툭 하고 다음과 같은 말을 던졌다.

"너는 토익 공부 안 하니?"

'벌써?'

이제 막 대학입시의 압박감에서 벗어나 한창 캠퍼스의 낭만을 즐기고만 있던 나는 속으로 당황했다. 그렇지만 미래를 준비하지 않는 날라리 대학생처럼 보이지 않으려고, 포커페이스를 한 채 이렇게 대답했다.

"이번 방학 때 준비하려고."

그 당시 무방비 상태로 있던 나는 친구의 말에 자극을 받고 무작정 구내 서점으로 달려갔다. 그동안 나만 관심이 없었던 건지, 그 책들은 두툼한 자태를 뽐내며 서점의 한곳을 당당히 차지한 채 가득 쌓여있었다. 나는 일단 그 자리에서 두꺼운 책의 책장을 호기롭게 펼쳤다. 학력고사를 위해 공부하던 영어책을 펼치던 그 암담한 느낌이 다시 재현되었다. 빽빽하게 정렬된 문법 용어들, 평소에는 절대 써먹지 못할 단어들. 영어에 대한 마음의 문이 다시 닫혀 버렸다.

하지만 자존심 덕에 바로 포기할 수는 없는 노릇이었다. 일단 폼이 좀 나게 그 책을 들고 도서관을 가끔 들락거렸다. 정말 그저 장식품이었다. 하지만 계속 그렇게 들고 다니기에는 너무 무겁고 거추장스러웠다. 이미 눈치 빠른 독자들은 알아차렸겠지만, 얼마 못가서 그 책은 내 방 책장으로 고이 모셔졌다. 그리고 그 이후로도 10년 동안 그 자리에 그대로 있었다는 사실은 비밀이 아니다.

영어와의 진정한 만남은 이렇게 또 내게서 멀어져갔다. 시간이 흐를수록 아쉬움이 남았다. 다시 한번 영어와 깊은 사랑에 빠지고 싶었다. 하지만 지난날의 쓰라린 추억을 반복하고 싶지는 않았다. 그리하여 직장에 다니면서 대학교 평생교육원 원어민 수업에 도전했다.

'그래, 여태껏 영어 문법책으로 이룬 게 없으니 영어 회화에 도전

을 해보자!'

이렇게 굳게 마음을 먹고 또 먹었다. 부푼 기대를 안고 들어간 첫 수업. 반장으로 선출된 중년의 여성분이 일어나서 말씀하셨다.

"여기 영어를 배우러 온 열정적인 사람들이 모였네요. 첫날이니 한 분씩 일어나셔서 영어로 자기소개를 해봅시다."

나는 무척 당황스러웠다. 그래서 마음속으로 그 중년 여자분에게 외쳤다.

'어머! 난 지금 영어로 말하는 걸 배우러 왔는데요. 영어로 자기를 소개하라니요!'

중학교 때 달달 외운 'Who are you?(넌 누구니?)', 'I am a girl. and You are a boy(난 소녀이다. 그리고 넌 소년이다)'라는 뜬금없는 문장들만이 내 머릿속에서 맴돌았다. 얼굴이 화끈거렸다. 일어나서 그냥 집에 가고 싶었다. 뭘 읽고 들은 게 있어야 말할 거리라도 있을 텐데. 정말 그렇게 오랜 세월 동안 정규 과정에서 영어 공부를 해온 내가, 고작 내 이름과 나이만 말할 수 있다는 사실에 또 한 번 큰 충격을 받았다.

귀가 열리니,
입도 열리다 ——

그날 충격을 받은 이후로 열심히 영어 수업을 들었다. 소리에 대한 노출보다는 여전히 영어 기사를 읽고 뜻을 이해하기에 급급했다. 그렇게 2년 동안 영어 수업을 다녔다. 늘어난 건 영어 실력이 아니라 알아듣는 척하는 뻔뻔함이었다. 사실 그 2년도 뒤돌아보면 헛된 시간은 아니었다.

'영어는 우리에겐 제2외국어도 아니고, 그냥 외국어다. 영어와 한글은 어떠한 연결고리도 없으니 영어를 습득하는 건 참으로 힘든 과정이다. 영어를 못 알아듣는다고 해도 부끄러운 건 아니다. 힘듦을 인정하자. 우리에게 필요한 건 속도가 아니라 뻔뻔함이다.'

이런 깨달음이 자연스럽게 들었다.

그러다가 결혼을 헤서 딸아이를 위해 영어 동화책을 내일 읽으면서 조금씩 내 귀에 변화가 시작되었다. 그동안 단어들이 서로 엉켜서 전혀 들리지 않던 영어가 점점 귀에 들어왔다. 그 시작은 단어부터, 그다음은 단어 덩어리들, 그리고 문장들이 들리기 시작했다.

작은 변화이기는 했지만, 그 작은 변화들이 모여지면서 큰 변화가 일어났다. 일단 내 귀가 영어로 된 소리를 밀어내지 않고 알아들으려고 한다는 사실이 너무 기뻤다. 그리고 모든 대화를 다 알아들어야 한다는 강박관념에서 벗어나고부터 두려움도 사라졌다. 그 순간 못 알아듣더라도 다시 들으면 됐다. 또는 상대편에게 "pardon?(뭐라고요?)"이라는 한 단어만 공손하게 말하면 되었다. 그러면 항상 상대방은 내가 이해할 때까지 천천히 잘 설명해주었다. 영어로 내게 말하는 사람들은 무서운 괴물이 아니었다. 두려워할 필요가 없었다. 그저 나와 같은 사람이었다. 겁먹지 않고, 그저 같은 사람으로서 마주하면 될 노릇이었다. 이렇게 나의 귀는 나날이 영어에 친숙해졌다.

딸에게 동화책을 열심히 읽어주다 보니, 자주 나오는 영어 문장 패턴에 익숙해졌다. 그 익숙해진 패턴을 아이에게 쓰기 시작했다. 자꾸 소리 내어 사용하다 보니, 순간순간 한국어를 쓰듯이 되었다. 예전엔 내가 외국인에게 하고 싶은 말이 있으면 머릿속으로 영작을 하다 보니 대화의 흐름이 끊기곤 했다. 그러니 자연스러운 대화가 이어지기는 힘들었다. 하지만 점점 생각과 동시에 입으로 나오는 문장이 늘어나자, 작은 기적이 일어났다. 아, 드디어 입도 같이 트이기 시작한 것이다!

이런 감격의 순간이 올 줄은 정말 예상하지 못했다. 토종 한국인인 내가 그렇게 영어 문법책과 회화책을 10년 넘게 물고 늘어져도 안 되는 영어였는데. 즐겁게 영어 동화책을 읽고 귀와 입이 트이다니! 어느 순간부터는 외국인만 보면 말을 걸고 싶은 병 아닌 병까지 걸리고야 말았다. 내 인생에 큰 변환점은 이렇게 다가왔다.

다른 엄마들에게도
영어 동화책의
길잡이로 ───

동화책과의 내 여정의 시작은 에릭 칼(Eric Carle) 할아버지와 함께였다. 그 당시 유행은 "요즘 아이들은 태어나면서 한 손에는 『배고픈 애벌레(The very hungry Caterpillar)』, 또 다른 한 손에는 『갈색 곰아, 갈색 곰아, 무엇을 보고 있니?(Brown Bear, Brown Bear, What do you see?)』를 들고 태어나잖아"이었다. 그만큼 영어 동화책이 매우 대중화되면서 나온 말이었다. 그의 그림은 단순하면서도 매력적이었다. 그림체 특징은 여러 색이 혼합된 종이를 콜라주 기법으로 완성한 것이었다. 어린아이들의 시선을 온통 사로잡을 만큼 멋진 책들이었다. 하지만 내가 사는 울산에서는 이 멋진 책들을 직접 보고 구매하기가 힘들었다.

그 당시 울산에는 영어서점이 하나밖에 없었다. 그것도 몹시 자그마했다. 그래서 다양한 영어 동화책을 만날 수는 없었다. 나는 가끔 부산이나 서울에 있는 영어서점에 놀러 가곤 했다. 그 이외에는 영어 동화책을 살 수 있는 가장 손쉬운 방법은 하나였다. 바로 직수입을 하는 인터넷 서점들을 찾아다니면서 손품을 파는 일이었다. 거기서는 영어 동화책을 마음껏 구매할 수 있었다. 그런데 또 넘어야 할 산이 있었다. 영어 동화책은 많았지만, 나는 그 수많은 책의 표지와 리스트 앞에서 현기증이 날 정도였다.

'정작 우리 아이를 위해 어떤 동화책을 사야 할까?'

이런 의문만 머릿속을 맴돌 뿐이었다. 그렇다고 대형 출판사에서 200권씩 묶어서 판매하는 세트는 사고 싶지 않았다. 너무 비싸서 살 형편도 되지 않았다. 경제적 암흑기였던 그때 마음 놓고 영어 동화책을 많이 사지 못해서 더 힘들었다. 하지만 한편으로는 덕분에 아무 책이나 사지 않고, 좋은 책을 선택하기 위해 나름의 내공을 쌓을 수 있었다.

우선 우리 딸아이가 좋아하던 시공주니어 네버랜드 세계의 걸작 그림책이 눈에 들어왔다. 유난히 우리 딸은 창작 동화책을 좋아했다. 그 덕분에 나도 덩달아 많이 읽어주었고, 그 매력에 푹 빠졌다. 유심히 책들을 관찰해보니 내가 아는 작가의 이름이 보이기 시작했다. 그때 얻은 아이디어는 아이가 좋아하는 작가를 파악하고 나서 그 작가의 영어책을 구매하는 것이었다.

한 예를 들어보자면, 레오 리오니(Leo Lionni)의 한글책 『헤엄이(Swimmy)』를 아이가 좋아했다. 그래서 그 작가의 영어책인 『파랑이와 노랑이(Little Blue and Little Yellow)』, 『꿈틀꿈틀 자벌레(Inch by Inch)』, 『페드릭(Frederick)』, 『생쥐와 태엽쥐(Alexander and the Wind-Up Mouse)』, 『저마다 제 색깔(A Color of His own)』, 『토끼가 된 토끼(Let's Make Rabbits)』들을 구매했다. 나도 이 책들의 매력에 빠졌지만, 우리 아이도 너무 좋아했다. 작가별로 책을 읽어주었더니, 아이가 책의 내용을 유추하는 능력도 좋아졌다.

자, 이제 어떤 영어 동화책을 사야 하는지 답이 나온 것 같다. 우리 아이가 좋아하는 한글 동화책이 어떤 게 있었는지 떠올려보라. 그리고 그 작가의 영어책을 구매하면 된다. 이제 영어 동화책을 고르는 고민이 해결되었다!

'영어 동화책 전도사'가 되다 ———

어느 순간부터 영어 동화책으로 울고, 웃고, 감동하는 일이 나의 일상이 되었다. 피규어 수집자들이 레어 아이템을 구매하면서 희열을 느끼는 것처럼, 나도 구하기 힘든 영어 동화책을 구매하면 너무도 좋았다. 점점 주위 사람들이 "자기야, 무슨 동화책을 사야 해?"라고 묻곤 했다. 그동안 아이에게 좋은 영어 동화책을 찾아 주려고 손품을 팔았던 나의 노력이 다른 엄마들에게도 도움을 줄 수 있는 내공으로 쌓인 것 같아 내심 뿌듯했다. 또 한편으로는 이렇게 물어보는 사람들에게 성심성의껏 답변을 해주기 위해서는 더욱더 내가 영어 동화책을 많이 읽어야만 했다. 그 경험을 통해서 차츰 나는 동화 작가들에 대해 좀 더 깊게 알고 싶다는 호기심이 생겨났다.

그러던 중, 어느 날은 『실리 샐리(Silly Sally)』의 작가인 오드리 우드와 단 우드(Audrey Wood & Don Wood)가 궁금해졌다. 왜 이들은 마지막 이름(Last name)이 같을까? 조사해 보니, 그들은 부부였다. 부부끼리 동화책을 집필한다는 것도 참으로 멋져 보였다. 한 사람은 글을 쓰고, 그 배우자는 그림을 그리고 참 멋진 조합이 아닌가! 또, 작가 사이트에도 방문하여 최근의 근황, 새로운 작품, 또한 작품에 관련된 활동지들도 볼 수가 있었다. 궁금하신 분들은 http://audreywood.com/에 방문해 보길 바란다. 이렇게 작가에 대해 좀 더 알고 나면 동화책에 대한 애착이 더욱 늘어난다. 나만 알고 있는 작가의 비밀은 무엇이 있을까?

내가 알아낸 정보들을 주위의 사람들에게 알려주는 기쁨도 꽤 컸다. 이렇게 나는 영어 동화책 전도사가 되어 갔다. 어린아이들을 둔 부모들을 만나면 "돈 안 들이고 아이가 영어를 잘하는 방법을 알려드릴까요?", "아이가 좋아하는 창작 동화책의 작가 이름을 아세요?"라고 질문을 해 본다. 엄마들이 호기심을 가지고 반응을 하면 그때부터 영어 동화책에 대한 나의 예찬론을 늘어났다. 그래도 책을 고르기 힘들어하는 엄마들을 대신해서 동화책을 구매해주기도 했다. 그 덕분에 영어서점 사이트에 VIP로 등극했다. 백화점에서는 단 한 번도 되어보지 못한 VIP를 서점에서 된 것이다.

'라임'이라는
'영어 동화책 숲'에서 ──

정말 우리나라의 인쇄술은 가히 최고라 할 수 있다. 모든 동화책이 하드커버로 되어있고 종이품질도 상당히 좋다. 그러니 가격은 높을 수밖에 없다. 그리고 낱권보다는 세트로 구매하는 성향이 매우 강했다. 그 시절 다독의 전도사로 인터넷에서 유명하던 '푸름이 아빠'의 영향으로 집마다 책장에는 수학동화, 과학동화, 전래동화, 세계문화 전집들로 가득 차 있었다.

물론 책들이 많이 판매되었다고 독서량이 늘어났다고는 볼 수 없다. 그 책들은 순수하게 아이들이 읽고 싶어서 샀다기보다는 부모님들의 교육 욕심이 빚어낸 현상에 가까웠다. 책은 본인이 분위기에 휩쓸려 사고, 왜 아이들에게 그 책을 읽으라고 등을 떠미는 것일까? '엄빠'들은 그 책들을 모두 읽어보았을까?

그에 비해 미국 출판사에서 나온 오리지널 영어 동화책은 페이퍼 북으로 종이의 품질도 별로였고, 두께도 상당히 얇았다. 미국에선 작가를 위해 2년간 하드커버로 판매하고, 그 이후로는 페이퍼 북을 판매한다. 물론 하드커버와 페이퍼북은 가격 차이도 엄청나다. 페이퍼북으로 된 영어 동화책 5권은 합쳐봐야 한글책 1권 정도의 두께였다. 한 50권을 책장에 꽂아 두어도 별로 자리를 차지하지 않았다. 그런데도 얼마나 책을 많이 사 모았는지 집안에 책장을 사도 금세 모자랐다. 아이가 6살이 되던 무렵에는 책들을 넉넉하게 둘 공간을 위해서 좀 더 넓은 집으로 이사를 해야만 했다. 그 덕분에 나만의 서재를 가질 수 있었다.

그러다 보니 그야말로 좋은 책들이 집안을 가득 채워갔다. 정말 바라보기만 해도 뿌듯해졌고, 그 책들을 우리 아이와 내가 다 읽어가면서 슬슬 새로운 아이디어들이 생겨났다. 그 책들을 집안에만 두기에는 책 수량도 많았지만, 우리 아이에게만 읽어주기에는 아깝다는 생각이 둥지를 틀기 시작했다. 그리고 그 생각의 알을 품고 현실로 깨어나자, 그로부터 1년 뒤 조기 영어 교육기관(Early Literacy Center)을 오픈하게 되었다. 그리하여 그 많은 책이 또 다른 의미로 빛을 발하기 시작했다. 굳이 멋진 인테리어를 하지 않아도 그 영어 동화책들이 멋진 소품이자 수업 자료가 되어주었다. 아이들은 영어 동화책으로 된 숲처럼 아늑한 공간에서 아름답고 흥미로운 책들에 둘러싸여서 수업을 받을 수 있었다.

라임 문을 열고 들어오면 구석구석 놓인 영어 동화책들이 아이들을 반겨준다. 이제는 어느덧 15살이 된 책 친구부터 1개월이 된 책 친구들까지 사이좋게 잘 지내고 있다. 어림잡아 4,000권 정도는 훌쩍 넘을 것 같다. 나는 곧잘 아이들에게 이렇게 말해준다.

"너희들, 라임에 있는 이 책들만 한 번씩 다 읽어도 영어 달인이 될 거야!"

그러면 아이들은 그 호기심이 가득 담긴 해맑은 눈망울을 반짝이며 결의에 찬다. 그런 모습들을 보고 있노라면 내가 이 동화책들을 모으느라 애썼던 지난날들이 주마등처럼 스쳐 지나간다.

외국어인 영어를 책으로 꾸준히 읽는다는 건 무척이나 힘든 일이다. 혹여 주위에 영어책을 매일 꾸준히 읽는 사람이 있는지 둘러보자. 아마 찾기가 엄청 힘들 것이다. 하지만 우리 라임 아이들은 영어책에 둘러싸여 매일 책을 읽고 있다. 아주 천천히, 때로는 힘들게, 때로는 즐겁게. 아이들이 제각각 속도는 다르지만, 라임 영어 숲에서 꾸준히 영어 동화책과 함께한다. 이 아이들이 영어를 즐겁게 받아들인다면 그걸로 나는 충분히 행복하다.

"얘들아, 우리 앞으로도 쭉 영어 동화책의 숲에 둘러싸여서 맘껏 영어를 즐기자!"

생애 처음,
영어 선생님으로
한발을 내딛다 ———

내 삶에 방학처럼 다가온 육아 기간은 실로 많은 고뇌와 자유로운 시간을 동시에 안겨주었다. '앞으로 이 아이를 어떻게 키워야 하나?', '나는 좋은 부모가 될 수 있을까?'라는 엄마라면 누구나 느낄만한 아이를 위한 고민. 그리고 더불어 '나는 뭘 하며 살아야 하나?', '나는 이 사회에 필요한 존재가 될 수 있을까?'라는 나에 대한 고민이 초보 엄마가 될 즈음 내 마음의 언저리를 맴돌았다. 하지만 고민한다고 해결되는 건 하나도 없었다.

그러다 여전히 사회에서 멋지게 활동하고 있는 친구나 동생들을 만나면 나는 한없이 작아졌다. 그녀의 멋진 패션이 참으로 부러웠다. 그 순간, 나 자신을 객관적으로 바라보았다. 그러고 나면 혼자 마음속으로 중얼거렸다.

'여전히 수유 중이라 면티를 입고 있네. 근데 목 부분은 또 왜 이렇게나 축 늘어나 있는 거지?'

불평으로 가득한 친구의 직장 생활 이야기를 듣고 있노라면 맞장구는 쳤지만, 속으로는 '얘는 지금 내 앞에서 뭐라는 거야? 자랑하는 거니?'라고 투덜거렸다. 나의 이런 속마음을 눈치챘는지, 그녀들은 "나도 빨리 결혼해서 아이 낳고 안정되게 살고 싶다"라고 했지만, 나에겐 전혀 위로가 되지 않았다. 하루라도 빨리 아이를 키워놓고 바깥세상으로 달려나가 내 경력을 쌓는 멋진 커리어우먼이 되고 싶었다.

그러나 늘 신세 한탄만을 하고 있을 수는 없는 노릇이었다. 일단 나는 자유로운 시간에 아이를 위해서 동화책을 고르고, 주문하고, 읽고, 자료를 찾아 헤매었다. 가끔은 마치 영어 동화책을 찾아 헤매는 하이에나가 된 듯한 느낌으로, 때로는 그 정도가 심할 정도로 컴퓨터 앞에 붙어있었다. 다행히도 아이를 위한 일이라 그 누구도 나를 막을 사람은 없었다.

그런데 얼마 전, 사진첩을 뒤지다가 이 시절의 내 모습을 보았다. 이제 막 걷기를 시작한 딸이 너저분한 거실에서 소파를 잡고 넘어질 듯, 말 듯 걷고 있었다. 그 뒤에 나는 컴퓨터 앞에 앉아서 열심히 자료를 찾고 있었다. 아직 출산 부기가 빠지지 않아 볼품없는 모습에 웃음기는 하나도 없었다. 그래, 바로 그즈음 나는 그랬다. 우연히 찾은 이 사진의 모습 그대로였다.

하지만 나는 엄마라면 대다수 겪는다는 출산 후 우울증을 나름 슬기롭게 극복했던 셈이었다. 컴퓨터 앞에 앉아서 앞으로 내 아이와 함께 읽을 동화책을 찾으면서 그 우울한 시기를 꿋꿋하게 잘 견뎌냈던 것 같다. 그래도 뒤돌아보면 호르몬의 작용이나 처음 겪는 벅찬 육아로 힘든 시절이었지만, 육아 기간은 내가 하고 싶은 걸 그 누구의 간섭을 받지 않고 마음껏 할 수 있는 좋은 한때였다.

보통 요즘 젊은 부부가 쓰는 표현으로 '헬육아'가 있다. 물론 지옥에 비길 만큼 어린아이를 보살피는 건 힘든 일이다. 이해한다. 그것도 충분히 맞는 말이다. 하지만 육아는 살아가면서 절대 피할 수 없는 관문이기도 하다. '피할 수 없으면 즐겨라!'라는 말도 있듯이, 그 시절을 지혜롭고 의미 있게 넘기려면 자기 자신을 위해 몰입할 수 있는 무언가가 있어야 한다. 바로 그 '소일거리'를 찾아보자. 그런데 그 일거리가 아이에게 도움이 되면 더욱 좋지 않겠는가. 동화책을 찾는 일 말고도 종이접기의 달인, 캘리그라퍼, 이유식 전문가 등등 우리 아이를 위해 숨은 아이템은 이 세상에 얼마든지 있다.

영어 학습의
건축가가 되어 ──

　　　　　그 무렵 딸아이를 위해 영어 동화책을 매일 읽어 주다 보니, 어느덧 거실 한구석에 놓여 있던 책꽂이가 점점 가득 차가고 있었다. 쌓여가는 영어 동화책과 함께 늘어나는 건 관련된 활동자료들이었다. 처음에는 내가 만들 능력이 안 되었기에 인터넷에서 이 사이트, 저 사이트를 돌아다니며 찾아내기 바빴다. 그래도 그 자료들 덕에 지금까지도 도움이 많이 되고 있다.

　그때 처음에 무차별적으로 주워 담은 자료들을 그냥 내버려 두니 차츰 필요할 때 찾기가 힘들어질 만큼 많아졌다. 그래서 카테고리를 정하고 정리해 나가기 시작했다. 집안 정리보다는 컴퓨터 내부 폴더 정리가 더 편했다. 요즘 우스갯소리처럼 많은 엄마가 다들 그렇겠지만, 사실 집안일이 하기 싫었던 건 '비밀이 아니다.' 그런데 시간이 지날수록 힘들여 찾아낸 자료들이 내 마음에 들지 않았다. 게다가 무료로 배포된 자료에 기대하는 건 무리였다. 그리하여 내가 직접 만들어 보기로 마음을 먹었다.

　대학교 때 실내건축을 전공한 나는 건축도면을 그리던 감각을 사용하여 짜임새 있게 활동자료들을 만들어 내었다. 비록 아이를 낳고 내 전공을 살려 실내건축가로 활동하지는 못하고 있었지만, 그 경험을 또 다른 일에 연결해서 도움을 받고 있으니 참 행운이었다. 인생은 이렇게 살다 보면 때때로 전혀 예상하지 못한 행운이 기다리고 있다. 길은 길로 이어지고, 색다른 경력이 또 새롭게 가고자 하는 길에 기폭제로 쓰임이 되는 것이다.

이를테면, 근래 들어 우리나라에 역사 공부 돌풍을 일으켜 주었던 유명한 역사 선생님도 대학교 때 전공이 연극영화과 출신이었다는 반전처럼 말이다. 어쩌면 아이들에게 지루하게만 여겨졌던 국사 시간을 연극을 하듯이 배우처럼 실감 나게 그 시대의 상황을 흥미로운 몸짓이나 마치 연극 대사를 말하듯이 설명해 줄 수 있었던 것처럼, 나도 영어 수업에 내 건축학 전공의 요소를 적용한 셈이다.

게다가 그즈음 나는 내가 생각한 것을 시각화된 결과물로 만드는 작업에 내 호기심까지 자극되어 더없이 즐거웠다. 갑자기 내가 매우 생산적인 사람이 된 거 같아서 기분도 덩달아 좋아졌다. 영어 동화책에 관련된 활동지부터 파닉스, 그리고 지금은 미국 교과서에 이르는 자료를 마음만 먹으면 뚝딱 만들어 내었다. 내 컴퓨터 안에는 그때부터 지금까지 만들어 온 워크지가 한가득이다.

한때는 이 방대한 자료들을 가지고 우리나라 모든 유치원에서 사용할 수 있는 워크북을 만들어 보고도 싶었다. 내가 가진 자료들을 널리 알리고, 나누고 싶은 마음은 아직도 가득하다. 언젠가는 내가 생각하는 대로 이루어지리라 믿는다.

두근두근,
첫 수업이 있던 날에 ————

어느 날, 문화센터에서 같이 수업을 듣던 회원 한 분께서 나에게 "영어 동화 수업을 해 볼 생각이 없어요?"라는 제안을 하셨다. 휘둥그레진 눈으로 "제가요?"라고 대답을 했다. 처음에는 집에서 아이를 위해 책이나 읽어주는 내가 무슨 수업을 할 수 있겠냐고 웃어넘겼다. 그 무렵 나는 출산을 경험하고 아이를 돌보느라 경력 단절에 놓인 여느 엄마들처럼 자존감이 바닥을 치고 있었다. 하지만 또 한 번 다가온 기회에 나는 용기를 내어 도전해보기로 마음을 먹었다. 뭔가 경력 단절의 이 답답한 현실을 벗어날 수 있는 한 줄기 희망처럼 느껴졌다.

또 그동안 우리 딸아이를 위해 만들었던 영어 동화 활동자료들을 세상 속에 내놓을 기회라서 더욱 좋았다. 2007년 어느 봄날, 나는 영어 동화책과 수업 자료들을 담은 커다란 화구 가방을 어깨에 메고 걸어서 문화센터로 향했다. 그 시절 차가 없었던 나는 언제나 아이를 업고 버스를 타고 다녔다. 그날도 그 큰 화구 가방을 멘 채 버스를 타고 이동했다.

첫 수업은 아이와 어머니가 함께하는 영어 동화 수업이었다. 등록한 회원은 두 팀이었으나, 한 팀의 결석으로 새초롬한 여자아이와 어머님 그리고 나, 이렇게 셋이서 시작되었다. 넓디넓은 강의실에서 말이다. 아, 그 민망함이란! 영어 수업의 경험이 없던 내가 학부모 앞에서 한 아이를 데리고 수업을 해야 하다니.

그 수업을 위해 스크립트를 달달 외워 간 나는 아이가 이해하는지, 못하는지 파악할 겨를도 없이 마치 랩을 하듯이 줄줄 내뱉었다. 열정 하나만큼은 정말 최고였던 것 같다. 그리고 내가 공들여 준비해간 다양한 수업 자료들은 비록 세 명밖에 없었던 강의실이었지만, 화려하게 그 공간 속에 피어났다. 그렇지만 그 예쁜 여자아이는 혼자 영어로 떠들어대는 나를 피해 엄마 등 뒤에 숨기 바빴다. 하긴 알아듣지 못하는 말을 하면서 자기만 쳐다보고 뭘 자꾸 말하고 물어대니 얼마나 싫었을까. 누가 시곗바늘을 잡고 있기라도 하듯이 그리도 시간은 더디게 흘러갔다.

나는 맘속으로 '망했어!'라고 몇 번을 외쳤다. 그리고 절망하여, 이 수업이 처음이자 마지막이라 생각했다. 하지만 그 어머님은 잔뜩 준비해온 나의 학습 자료와 열정적인 내 수업에도 자꾸 숨기만 하는 아이 때문에 오히려 나에게 미안해하셨다. 그러고는 이웃 학부모님들에게 좋은 수업이 생겼다고 추천을 해주셨다. 덕분에 회원이 몇 분 더 늘었다. 사실 그 당시에 영어로 수업하는 문화센터 수업은 거의 없었기에, 수업의 내용이 좋았다기보다는 호기심에 인기가 좋았던 거 같다.

그리고 나는 운이 너무 좋았다. 한 대기업에 속해져 있던 문화센터가 그 지역에 세 곳이 있었고, 나는 그 세 곳에서 모두 개강을 할 수 있었다. 내 수업은 운이 좋게도 인기가 많아서 대기인원이 항상 가득 넘쳤다. 나는 차츰 그 지역에서 나름, 인기 있는 강사가 되어갔다. 영어 전공자도 아니고, 영미권에는 방문해 본 적도 없던 내가 영어 선생님으로서 첫발을 내딛는 순간이었다. 내 인생의 새로운 문이 열리고 있었다.

'생각 부자'
아이들과 함께!

귀엽고 사랑스러운
캐릭터가 듬뿍 담긴
영어 동화책에 폭 빠져보자~!

ABCDE
FGHIJK
LMNOP
QRSTU
VWXYZ

Part 2
우리가 알고 있던 영어 교육법은 버려라

울렁울렁
영어 울렁증이여,
이젠 안녕! ──

"저는 영어를 유창하게 못 하지만, 우리 아이만큼은 영어를 정말 잘했으면 좋겠어요."

약 15년간 상담한 대다수의 학부모님께서 자녀를 사랑하는 마음을 가득 담아서 조심스럽게 말씀하신다. 아마도 그들 본인은 영어 울렁증이 있지만, 우리 아이들만큼은 영어에 대한 열정이 넘쳤으면 하는 바람이다. 예전보다는 해야 할 영역이 많아진 영어. 아이들의 영어 숙제를 도와주다 보면 점점 힘들어지는 것을 느낀다. 요즘 들어 부쩍 늘어난 해외 자유 여행 덕에 영어를 사용할 일이 점점 늘어나고 있기도 하다.

부모가 되어서 혼자 있을 때 외국인을 만나면 어찌어찌하여 위기를 모면하면 된다. 일단, 옆에서 지켜보는 사람이 없으니 그나마 덜 신경 쓰인다. 그러다 아이가 보는 앞에서는 가끔 식은땀이 날 때도 있다. 이런 경우 어떤 학부모님들께서는 "너는 영어학원 다니고 있으니까 가서 영어로 말해봐!"라며 아이를 재촉한다. 대부분 부모님은 자신의 아이가 파란 눈의 외국인과 유창하게 대화하는 장면을 바랄 것이다. 하지만 현실은 그렇지 않을 확률이 높다. 아이들도 이런 부모님의 기대를 온몸으로 느끼니 부담스러울 수밖에 없다.

항상 외국인 앞에서 영어로 대화를 하려면 어른, 아이 할 것 없이 자꾸만 움츠러드는 우리, 이 일을 어찌하면 좋을까? 자, 이제부터는 이 영어 울렁증을 던져버리길 바란다. 영어가 특별한 언어이고, 외국 사람이 부담스럽다는 마음의 장벽을 넘어서길 바란다. 우리의 영어 울렁증은 우리나라의 잘못된 영어교육 시스템에서 중학교 1학년 때부터 대학교까지 영어 학습을 강요당해 왔기 때문이다. 울렁울렁 울렁대는 가슴으로 영어학원 상담도 이제 그만하자. 영어에 한 맺힌 사연도 이제는 그만. 부모의 영어 울렁증에 맺힌 그 한을 아이가 풀어주길 원하는 것도 이제는 끝이다. 그 끝을 위해서 나 역시 한동안 영어 울렁증에 갇혀 살았던 경험자로서 이 글을 적고 있는 것이다.

학습이냐, 습득이냐 그것이 문제로다! ——

영어 울렁증에서 탈출하기 위해선 우선 다음과 같은 질문에 대답을 준비해야 할 것이다.

'영어를 학습하고 싶은가? 아니면 언어로 습득하고 싶은가?'

우선 학습과 습득의 차이점에 대해 알아보자. 학습(Learning)은 의식적으로 공부해야 하는 대상이고, 습득(Acquisition)은 무의식적으로 자연스럽게 얻어지는 것이다. 독자 대부분은 영어를 언어로 습득하고 싶을 것이다.

자연스럽게 언어를 습득하려면 우선 '언어의 결'을 파악해야 한다. '언어의 결', 처음 듣는 말이라고? 그렇다면 이제 이 말이 얼마나 중요한 의미를 지니는지 잘 새겨 보자. 언어의 결을 들여다보면 그 안에는 형태, 내용, 그리고 사용이라는 세 요소가 있다. 이 세 요소가 결을 형성하며 조화롭게 뻗어 나아가야 한다.

그럼 더 알기 쉽게, 영어 습득을 김치 담그기에 비유를 해보자. 엄마들이 늘 자주 하는 일이 김치 담그기일 것이다. 영어도 김치 담그기만큼 익숙해질 수 있다.

김치를 담그려면 우선 김치를 담글 재료가 필요하다. 단맛이 나는 배추, 무, 고추, 마늘, 파, 생강, 소금, 젓갈. 이 재료 중 하나라도 빠지면 제대로 된 맛을 낼 수가 없다. 이는 언어의 첫 번째 요소인

'형태'에 해당한다. 하지만 재료만 준비했다고 김치가 만들어지지는 않는다.

그다음은 김치를 정해진 순서대로 만들어야 한다. 우선 김치의 주재료가 되는 채소인 배추, 무 등을 소금에 한나절 정도 절인다. 절이는 동안 고춧가루와 마늘, 젓갈 등으로 양념을 만든다. 그러고 나서 염장해둔 채소에 준비된 양념으로 골고루 버무린다. 이는 언어의 두 번째 요소인 '내용'에 해당한다. 그런데 이 또한 김치 담는 순서만 안다고 김치를 담글 수는 없는 노릇이다.

마지막으로 한국인의 주요 반찬거리인 김치는 여러 용도로 쓰인다. 한식 위주의 식탁을 위해선 김치전, 김치찌개, 두부김치, 김치라면으로 변신한다. 그리고 외국에서는 한국 음식을 알리는 전도사로 변신한다. 이는 언어의 세 번째 요소인 '사용' 부분이다.

이 세 요소를 따로 학습만 하고 있다면 어떤 의미가 있을까? 재료만 안다고, 만드는 과정만 안다고, 종류와 사용 용도만 안다고, 우리가 김치를 알고 있다고 할 수 있는가?

지금 우리나라 영어교육의 현실은 아직도 여기에 머물러 있으니 참으로 안타깝다. 이 모든 요소를 알아야 김치를 제대로 담가 먹을 수 있듯이, 영어도 마찬가지다. 여기에 한국의 문화 그리고 역사, 영양 정보라는 특제 양념이 더 가미된다면 더욱 김치를 맛깔나게 만들어 먹을 수 있다. 역시 마찬가지로, 영어라는 언어도 이 모든 요소를 개별적으로 학습하기보다는 조합하며 습득해야 한다. 영미 문화권의 역사와 문화 등을 가미하여 습득한다면 금상첨화가 아닐까.

그렇다면 이제 영어를 언어로 습득하기 위한 역사적 그리고 문화적 요소가 녹아 있는 교육방법은 무엇이 있는지 소개해 보겠다.

"달걀맨 도와줘!" ———

"나의 구세주 '달걀맨' 도와줘!"

'험티 덤티(Humpty Dumpty)'는 무척 유명한 구전동요의 제목이자, 달걀맨의 이름이다. 이 동요의 가사는 다음과 같다.

"Humpty Dumpty sat on a wall. Humpty Dumpty had a great fall. All the king's horses and all the king's men couldn't put Humpty together again."

(험티 덤티가 담장 위에 앉았네. 험티 덤티가 쿵 하고 떨어졌네. 그의 군사와 말은 그가 다시 붙을 수가 없었네.)

초기 리더를 위해 아주 적합한 읽기 재료 중 하나인 너서리 라임(Nursery Rymes)이다. 우선 아이들이 이전에 구전동요를 소리로 많이 접했다면 파닉스, 음운 인지, 단어 의미, 문장 인식을 쉽게 습득할 수 있다. 일단 텍스트의 길이가 짧으니, 어린아이들에게 너무 좋은 재료이다.

자, 여기에 이제 특제 양념을 팍팍 뿌려보자. 영미 문화권에서 '험티 덤티(Humpty Dumpty)'라는 캐릭터는 뽀로로만큼 익숙한 존재이다. 짧은 팔과 다리를 가진 달걀 모양으로 우스꽝스러운 모습을 지녔다. 이 캐릭터는 미국의 많은 애니메이션에 등장한다. 더불어 작달막하고 뚱뚱한 사람을 지칭할 때 사용하기도 한다. 역사적으로 접근해 보자면, 험티 덤티는 영국의 왕 리처드 3세로, 전투에서 전사했다는 설이 있다.

이제 막 영어 읽기를 시작한 라임 아이들에게 문화와 역사를 가미하여 영어 수업을 해보니, 우리 아이들은 언제 어디서나 이 달걀 캐릭터만 보아도 자동반사적으로 이 구전동요를 기억해내서 불렀다. 다른 영어 동화책에서 couldn't라는 단어가 나오면 아이들은 바로 이 구전 동화를 떠올리고, 해당 단어가 포함된 문장을 끌어냈다.

이렇게 문화적이고 역사적 접근이 가능한 재료로 수업하는 우리 라임 아이들은 언제나 수업시간에 이야기할 거리가 넘쳐난다. 가정에서도 이런 식으로 함께 놀이처럼 접근할 수 있다.

우선 집안 여기저기에서 전래동요(Nursery Rhyme)가 흘러나오도록 한다. 음원을 찾기 힘들다면 유튜브에 이 단어만 입력하면 셀수 없을 만큼 많은 자료를 찾을 수 있다. 물론 '라임 영어연구소'로

검색하면 저자가 직접 만든 구전 동요자료도 만나볼 수 있다. 이렇게 소리에 익숙하게 한 다음, 아이와 함께 동요의 역사적 배경이나 캐릭터에 대해 알아보면 된다. 그러면 정말 즐겁게 영어를 습득할 수 있다.

영어 단어,
장기기억으로
넘기는 법 ────

사각사각, 또각또각……. 무슨 소리일까? 정성스럽게 깎은 연필
로 갱지 위에 영어 단어들을 빼곡히 적고 또 적는다. 빽빽이를 하고
나면 오른손 측면에 연필 흑심으로 범벅이다. 조용한 자습시간에
들리는 이 소리는 참으로 정겹기까지 하다. 학년이 올라갈수록 빽
빽이 양이 늘어난다. 매번 수업시간마다 나오는 영어 단어 빽빽이
숙제. 벗어날 수가 없다.

내가 전학 온 울산 사립중학교에서 가장 무서운 선생님은 영어
선생님이었다. 작은 체구에 날카로운 표정 그리고 작은 금테 안경.
분명 영어 선생님인데, 내겐 어쩐지 일본 순사처럼 느껴졌다.

매일 할당된 영어 단어를 외우지 못하거나 질문에 대답을 못 하

면 어김없이 엉덩이 찜질행이 기다렸다. 그 영어 선생님의 한 손에
는 늘 긴 막대기가 들려있었다. 바로 우리의 엉덩이로 향할 막대기
였다. 우리에게 가장 무서운 단어는 '불합격!' 이 단어가 내 머리 위
로 날아드는 날에는 엉덩이에 불이 났다.

그 선생님의 수업시간 5분 전엔 으레 반장이 강단에 나와 미리
준비되어 있던 영어 단어 카드를 들고 외쳐야 했다. 반장은 'ambi-
tious'라는 영어 단어를 먼저 선창하고 나서, 한글 뜻인 '야망 있는'
이라는 말을 큰 소리 내어 읽었다. 영어 시간 5분 전은 항상 이렇게
긴장의 연속이었다. 아이러니하게도 1시간 빽빽이 해서 단어를 외
우는 것보다 5분 소리 내어 단어를 읽었던 기억이 더욱 남는다. 요
즘도 가끔 그 공포의 쉬는 시간이 떠오르기도 한다. 그런데 일명 그
'빽빽이'를 해서 영어 단어를 외우고 또 외웠지만, 왜 내 기억 속엔
남지 않을까?

그 이유는 우리가 영어 단어를 단순하게 암기하여 단기 기억으
로만 저장하기 때문이 아니었을까. 지금 생각해보면 헛고생이었는
데, 우리 아이들에게만은 이런 헛삽질을 계속하게 할 수는 없지 않
은가. 자, 그럼 이제 단기 기억을 장기기억으로 편입할 방법에 대하
여 고민해보자.

오래오래
기억되기를 ——

        UCLA 심리학과 교수인 매튜 리버언(Matthew D. Lieberman)은 흥미로운 실험을 했다. 그의 저서인 『사회적 뇌 인류 성공의 비밀(Social)』에서 이 실험을 소개했다. 콘텐츠를 단순히 암기한 사람과 다른 사람을 가르치기 위해서 콘텐츠를 학습한 사람을 비교했다. 그 결과로 후자가 기억력 검사에서 더 높은 점수로 나왔다.

    학창 시절, 교생 선생님을 기억해 보자. 풋풋한 교생 선생님을 바라보는 건 너무도 즐거운 기억이다. 그러나 그 싱그러운 이미지에 비해 아직 다른 사람을 가르치기 위한 준비가 덜 된 상황이라 교생 선생님의 수업 내용은 상대적으로 그리 알차지는 않았다. 교생 선생님도 머지않아 결국은 다년간의 수업을 통해서 수업 내용을 매우 노련하게 전달을 할 수 있는 날이 올 것이다.

    앞에서도 말했지만, 우리가 어린 시절 해왔던 영어 단어 학습방법은 단순한 암기로 학습의 효율성이 현저히 낮았다. 그렇다면 아이들이 영어 단어를 혼자 암기하지 않고, 사회적 관계를 이용하여 학습하면 어떨까?

    같은 목적을 가진 사람들과 함께 공부해 보는 것이다. 일반적으로 한 반에서 같은 단어를 외워서 단어 시험을 치르게 된다. 몸은 한곳에 있지만, 서로에게 가르치는 활동은 해보지 못했다. 영어 공부를 하는 아이들과 함께 단어를 소리 내어 읽고 의미도 파악하고 그 단어가 들어있는 문장도 읽는다고 해보자. 그리고 상대방이 잘 이해하지 못하는 단어에 관해 설명도 해보자. 그러면 그 단어는 단순한 암기가 아닌 장기기억으로 넘어간다. 이건 마치 앞에서 예를 든 것처럼, 처음에는 다들 다소 어설픈 교생 선생님의 수업처럼 영어에 낯설어할 아이들이, 다른 사람을 가르치는 걸 반복하면서 능숙해지는 것이다.

다른 친구들과 함께할 시간이 부족하다면 SNS를 활용하는 방법도 있다. 우리 라임 친구들은 자기만의 단어장을 만들어 사용한다. 저학년 친구들에게는 내가 이렇게 묻는다.

"라임 친구들, 오늘 자기 전에 무엇을 해야 하죠?"

그러면 아이들은 단박에 대답한다.

"내가 찾은 단어들 10번 읽기요."

또 고학년 반은 이렇게 대답한다.

"단어장 인증 샷! 단톡방에 업로드하기!"

이런 방법으로 책임감도 함께 키워 간다.

이 글을 읽는 독자들의 자녀들이 좀 더 어리다면 부모님이 아이와 함께 동등하게 배우는 학습의 동반자가 되어주는 건 어떨까.

"이 단어 뜻이 뭐지?"라기보다는 "어머! 엄마도 모르는 단어가 나왔네. 뜻이 무엇일지 함께 알아볼까?"라고 다가가 보자. 그리하면 영어 단어는 아이의 머리와 마음속에 깊이 오래오래 기억될 것이다. 영어 단어는 외우는 게 아니라, 함께 알아가는 것이다!

'영어 단어 지옥', 대탈출 작전! ──

자, 그러면 계속해서 영어 단어를 아이들이 더 쉽게 익힐 방법에 관해서 이야기해 볼까 한다. 아이들이 모르는 단어 뜻을 어떻게 하면 자연스럽게 습득하게 할까?

라임에서 실제로 하는 방법들을 일부 공개하고자 한다. 우선 의미를 파악하기 위해 단서를 찾게 해야 한다. 아이들 스스로 문자 해독을 통해 단어를 읽는다는 전제에서 앞뒤 문맥과 그림에서 단서를 찾게 하는 것이다.

A desert is a very arid receiving almost no rainfall.

이 문장에서 'arid'를 처음 보았다 할지라도 앞뒤에 배치된 문맥상 단서로 그 의미인 '건조한'을 유추할 수 있다. 또 그림책이라면 삽화 안에 많은 단서가 있다. 아이들 스스로 그림 단서를 이용하여 단어의 의미를 유추하는 연습도 함께한다.

그다음 팁은 단어를 분류하는 것이다. 형태별로, 단어 품사별로.

저학년일수록 아이들은 의미보다는 단어의 형태에 민감하다. 그리하여 단어 족(word family)별로 단어를 확장하고, 덩어리를 지어 저장한다. "What words end with -ake?(어떤 단어가 -ake로 끝이 날까?)"라고 질문하면 아이들은 "cake, rake, snake, lake, make, bake, shake, fake, Jake, sake, take, wake, awake" 등등으로 많은 단어를 확장해 낸다. 한 발 나아가서 이 단어들로 문장을 만들면 훨씬 기억에 오래 남는다.

Snakes shake on the fake cake.
(뱀들이 가짜 케이크 위에서 흔들어.)

그림까지 같이 그려본다면 재미와 더불어 더 깊이 기억의 창고에 저장할 수 있다. 자, 단어 품사별로 분류해보자! 동사, 명사, 형용사, 전치사. 예를 들어, 다음과 같은 문장이 있다면?

The big hungry bear in a cave wanted to eat a red ripe strawberry.
(동굴 안에 있는 배고픈 커다란 곰이 잘 익은 빨간 딸기를 먹고 싶어 했

어.)

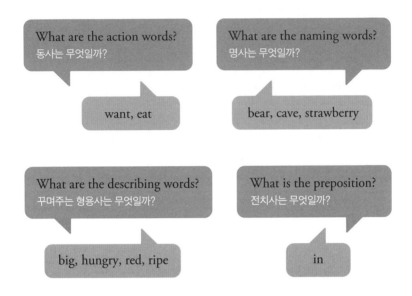

What are the action words?
동사는 무엇일까?

want, eat

What are the naming words?
명사는 무엇일까?

bear, cave, strawberry

What are the describing words?
꾸며주는 형용사는 무엇일까?

big, hungry, red, ripe

What is the preposition?
전치사는 무엇일까?

in

　　이렇게 품사별 바구니에 담아둔 단어들을 본인이 필요할 때 꺼
내어 사용할 수 있다. 더불어 다양한 문장을 자유자재로 만들어 낼
수 있게 된다. 문맥과 그림에서 단서를 찾아서 단어의 의미를 유추
하고 단어들을 분류하는 것이 진정한 꿀팁! 이 두 가지만 해보면 단
순 암기가 아닌 장기기억으로 단어를 보낼 수 있다!

어른들이 영어 동화책을 읽어야 하는 8가지 이유 ——

언어에 대한 열정만은 가슴속에 가득한 어른들을 위해 멋진 해결책이 여기 있다. 바로 당장 아이들 손에 들려있는 영어 동화책을 자기 손에도 들어라! 어른들이 영어 동화책을 읽어야 하는 이유 8가지를 소개하겠다.

어른들이 영어 동화책을 읽어야 하는 첫 번째 이유로는 영어 동화책은 언제 어디서든 쉽게 구할 수가 있다는 점이다. 유치원에 다니는 자녀를 둔 부모라면 우선 아이의 유치원 가방을 열어보라. 분명히 유치원에서 배우고 있는 영어교재가 한 권쯤은 있을 것이다.

"우리 ○○가 유치원에서 이런 영어 동화책을 배우고 있구나. 엄마도 한번 읽어봐도 될까?"

혹여 아직 자녀가 없거나 어릴 땐 가까운 도서관이나 서점에 가보자. 처음엔 어느 코너로 가야 하나 당황할 수도 있다. 도움을 드릴 수 있는 한마디는 이렇다.

"영어교재 쪽 말고 어린이 영어 도서 쪽으로 가시라!"

시간의 여유가 부족한 분들은 인터넷을 통해 구매도 가능하다. 저렴하게는 1~2천 원 정도 하는 영어 동화책도 손쉽게 구할 수 있다.

어른들이 영어 동화책을 읽어야 하는 두 번째 이유는 '거부감 제로!'라는 점이다. 재미있는 이야깃거리가 풍부한 동화책은 일단 언어에 대한 거부감을 내려놓게 한다. 끝날 것 같지 않던 문법책이나 회화책이 아니라 알록달록한 그림과 한두 줄의 문장이 있는 동화책은 부담감을 확 줄여준다. "아이들이나 읽는 동화책을 어떻게 내가 읽니?"라고 말씀하시던 분이 계셨다. 그러나 막상 영어 동화책을 펼쳐보고는 이렇게 외쳤다.

"내가 평소에 접하지 않던 단어들이 너무 많네!"

실상 동화책이 품고 있는 이 단어들이 일상생활에서 훨씬 더 많이 사용된다. 또 한편으로는 누구도 "당신의 영어 동화책 읽기 레벨은 무엇입니까?"라고 물어보지 않을 것이다. 자, 이제 영어에 대한 압박감과 거부감을 말끔히 내려놓고 영어 동화책과 친하게 지내자.

어른들이 영어 동화책을 읽어야 하는 세 번째 이유는, 그림과 문맥 단서를 통하여 굳이 영어사전을 찾아보지 않아도 그 의미를 파악할 수 있다는 점이다. 대부분 학부모님은 "영어사전을 찾아보지 않고 어떻게 뜻을 알아요?"라고 질문하신다.

그럴 때 난 이렇게 대답해드린다.

"어머님, 아이들은 그림 단서를 찾아서 의미파악을 할 수 있어요."

곰곰이 생각해보면, 우리는 어린 시절 그림 동화책을 읽으며 의미 유추 전략을 자연스럽게 훈련해 왔다. 그리하여 그림이 없는 책들을 읽으며 머릿속으로 그림을 그릴 수 있는 전략도 펼칠 수 있는 것이다. 자, 그럼 영어는 다를까? 전혀 그렇지 않다. 영어 동화책을 읽으며 이해 전략을 천천히 쌓아보자. 그럼 한글책을 읽으며 사전을 찾아보지 않듯이 영어책도 자연스럽게 읽어낼 수가 있다.

영어 동화책에도 일정한 패턴이 반복된다! ──

어른들이 영어 동화책을 읽어야 하는 네 번째 이유는 영어 동화책에는 일정한 패턴이 반복된다는 점이다. 이는 읽기 초기 단계의 아이들에게 문장의 패턴을 반복하게 해서 다양한 학습의 효과를 낼 수 있다. 이걸 'Predictable Books(예측 가능한 도서)'라 부른다. 반복되는 문장들은 실제 생활에서 빈번히 사용된다. "영어 회화책에도 문장패턴이 많이 나오지 않나요?"라고 질문하는 분들도 있다.

회화책과는 달리 동화책은 주어진 상황적 배경과 주인공들 사이의 '관계'가 존재한다. 그 주인공에 몰입하며 그 문장을 읽고 이해하며 체화한다. 비슷한 상황이 되면 쉽게 발화할 수 있는 것이다. 에릭 칼(Eric Carle)의 『오늘은 월요일(Today is Monday)』에서 "All you hungry children, come and eat it up!(배고픈 아이는 누굴까? 어서 와서 먹자!)"라는 문장은 집안에서 매일 쓸 수 있다.

어른들이 영어 동화책을 읽어야 하는 다섯 번째 이유는, 소리 내어 읽으면서 자신감을 회복할 수 있다는 점이다. 호흡이 짧은 영어 동화책을 어른들은 빨리 읽을 수 있다. 이는 정서적 안정감을 준다. 영어 동화책은 일반적으로 16페이지에서 30페이지 정도 분량이니, 짧은 호흡으로 한 번에 읽을 수 있다. 영어책 한 권을 금방 읽었다는 성취감에 자신감이 저절로 생긴다. 더불어 아이에게 영어 동화책을 읽어 줄 수 있는 멋진 부모가 될 기회가 주어진다. 아이들에게 영어 동화책을 반복하여 읽어 주다 보면 앞에서 이야기한 대로 체화되어 발화할 수 있게 된다. 한마디로 읽기(Reading)와 말하기(Speaking), 이 두 마리 토끼를 한 번에 잡는 거다!

어른들이 영어 동화책을 읽어야 하는 여섯 번째 이유는 유창하게 읽을 수 있게 된다는 점이다. 동화책에는 여러 주인공이 등장하고 그들의 각기 다른 감정을 만날 수 있다. 우리는 회화책이나 문법책을 통해서 '소리 내어 읽기'라는 과정을 배제해 왔다. 하지만 동화책은 소리 내어 읽는 과정이 포함되어 있으며, 더불어 주인공의 감정을 이해하면서 읽으니 유창성까지 얻는 효과를 누릴 수 있다.

I'm as mean as a shark!
나는 상어처럼 사악해!

사악한 상어처럼 목소리를 내어보자.

Look! What I've got!
내가 뭘 가졌는지 봐라!

뻔뻔스럽게 자랑하는 목소리를 내어보자.

멋진 이야기꾼이 되는 기회도 얻을 수 있다.
아이들은 매일 이렇게 외칠 것이다.
"아빠, 엄마, 또 읽어주세요!"

테스트가 없는 문화 체험,
어때요? ──

어른들이 영어 동화책을 읽어야 하는 일곱 번째 이유로는 영어권의 문화를 간접적으로 이해하고 흥미를 돋워 준다는 점이다. 이는 학원에서 아무리 영어 문제집을 많이 풀어도 가질 수 없는 절대적인 이득이다. 영어 동화책에서 내가 사는 곳에서는 볼 수 없는 많은 문화적 요소들을 찾을 수 있다.

"왜 동화책에서 아이스크림 트럭이 등장할까요?"

"파자마 파티는 뭐예요?"

"할로윈 때는 어떤 의상을 입나요?"

이런 문화적 호기심은 책을 통해서 충분히 끌어낼 수가 있다. 부모님과 아이들이 함께 문화적 체험을 해보면 얼마나 좋은가! 이런 좋은 자극제가 어디 있을까.

어른들이 영어 동화책을 읽어야 하는 여덟 번째 이유로는, 일단 읽고 난 뒤 시험을 안 쳐도 된다는 점이다. 평가를 위한 영어 학습에 염증이 난 어른들이여! 영어 동화책은 읽고 난 뒤 아무도 나에게 평가를 강요하지 않는다. 그리고 읽고 난 뒤, 이해가 되지 않더라도 죄책감이 전혀 들지 않는다. 그러니 마음 편하게 영어 동화책을 즐기면 된다. 편안하게 동화책을 즐기는 모습은 아이들에게도 긍정적인 영향을 미친다.

그리고 이쯤에서 정말 중요한 주의사항을 말하고 싶다. "오늘 읽은 동화책에서 뭘 배웠니?"라는 질문은 우리 아이들에게 더는 하지 않길 바란다. 아이들에게는 이런 질문이 평가처럼 들릴 수도 있다. 어른인 우리도 평가를 진저리나게 싫어하는데, 사랑스러운 아이들에게 왜 또 그런 잔인한 칼날을 내미는지 반성해야 한다. 습관처럼 내뱉은 그 말이 우리 아이들에겐 마음의 커다란 짐이 되고 만다. 내가 부담 없이 영어 동화책을 읽듯이 아이들도 그렇게 즐길 수 있도록 세심하게 아이들 마음을 챙겨야 한다.

이제 왜 어른도 영어 동화책을 집어 들어야 하는지 그 이유를 충분히 알 수 있을 것이다. 앞으로 이 매력 덩어리이고, 귀엽고 사랑스러운 캐릭터가 듬뿍 담긴 영어 동화책에 푹 빠져보길 바란다.

크라센,
당신을 믿습니다! ———

　2012년 봄이었다. 부산에서 개최된 초등영어학회에 참석할 기회가 있었다. 그때 초청된 분이 크라센 교수님이었다. 이 자리에서 언어교육계 최고의 권위자, 스티븐 크라센(Stephen Krashen) 교수의 강의를 듣는 영광을 얻었다. 그의 저서인 『읽기 혁명(The power of reading 2004)』에서와 마찬가지로 이 강의에서도 제2 언어 습득 이론 및 미국 이민자 학생을 위한 영어 교수법을 소개했다. 크라센 교수는 미국 교사와 언어학자들의 언어 교수 방법을 바꾼 가장 영향력이 있는 인물이다.

　이번 강의 중, 그는 자신의 이론의 증거가 될 만한 많은 예시를 들었다. 가장 인상 깊었던 부분은 한국에서 온 유학생에 대한 공통

된 점이었다. 그들은 영어 능력 시험 점수는 놀랄 만큼 높고 매우 어려운 단어들도 많이 알고 있지만, 그에 반해 읽기 이해와 언어 구사 능력이 현저히 낮았다고 했다. 크라센 교수의 말에 따르면, 한국에서 온 학생들은 정상적인 방법으로 높은 시험 점수를 획득한 것이 아니라 단순히 문제를 잘 풀기 위한 전략을 공부하고 단어를 암기했기에 높은 점수를 획득한 것이라고 했다. 더불어 시험을 치르기 위한 독서만을 많이 했기에 시험 성적만 올라갈 뿐이지, 실제로 아이들의 읽기 능력이 향상되는 것이 아니라고 했다. 그는 자발적인 독서를 통하여 학생의 열의를 자극해서 읽기 능력을 높일 수 있다고 강조했다.

또 이날 강의에서는 크라센 교수가 몸담은 미국 서던 캘리포니아대(University of Southern California)에 유학을 온 한국 학생들의 읽기 실험에 대해 자세히 이야기해 주셨다. 그중 한 분이 영어 영문과 석사과정까지 밟고 미국에 온 경우인데, 교수는 그녀에게 읽을 책을 자발적으로 선택하게 했다. 한국에서 석사까지 마치고 왔던 그녀는 꽤 난이도 있는 도서를 선택했다고 한다. 하지만 크라센 교수는 그녀를 설득했다는 것이다. 그림이 가미된 어린이 동화책으로 말이다.

내가 그녀였다면 어땠을까? 나 역시 그녀와 비슷한 선택을 했으리라.

크라센 교수의 영어 동화책 권유를 받고 어리둥절하던 그녀였지만, 이내 동화책을 읽는 재미에 푹 빠지게 되었다고 했다. 그 이후로 그녀는 '자발적인 선택'이라는 즐거움을 알게 되었단다. 결과적으로 그녀의 영어 실력은 일취월장하여 이해 능력뿐만 아니라 언어 능력 시험 점수도 많이 상승했다고 한다.

이 일화는 어쩌면 외국인으로서 영어를 대하는 태도를 잘 보여준 게 아닐까? 중학교 1학년 때부터 영어를 꾸준히 배워 왔다는 사실이 오히려 우리를 막고 있는 셈이다. 자발적인 자세로 영어책을 읽어보자.

영어 문법책보다 백 배 재미있는 영어로 된 동화책 ────

나는 한때 성인들의 영어 수업을 진행한 적이 있었다. 한 수업은 조기 영어 전문가 과정이었고, 나머지는 성인영어 수업이었다. 전자는 자녀 교육을 위한 열정을 가진 학부모님들을 위한 수업이었다. 우선 영어 동화책에 대한 긍정적인 마인드로 수업에 오셨기에 내 마음은 참으로 편안했다. 동화책에 대한 질문도 많았고, 생기 있는 수업이었다. 게다가 배운 내용을 아이들에게 바로 적용할 수 있어서 더욱 효과적이기도 했다.

후자는 막연히 영어를 잘하고픈 성인들을 위한 수업이었다. 수강생들의 목표가 막연했기에 나 역시도 방향성이 모호했던 상황이었다. 영어 동화책에 대한 열린 마음이 아닌 상황에 동화책을 소리 내어 읽어 오라고 하니, 변화는 쉽사리 찾아오지 않았다.

어떤 수강생은 어느 날, 내게 이렇게 말했다.

"저희 엄마가 '너는 아기들 책으로 영어를 배우니?'라고 하시네요."

동화책은 어린아이나 읽는다는 고정관념이 정말 꽤 높은 심리적 장벽으로 우리 어른들에게 자리 잡고 있다는 걸 그때 뼈저리게 느낄 수 있었다. 혹은 지금 당장 읽어 줄 상대가 없어서 동화책의 세계에 빠지기엔 힘이 들었을 수도 있다.

"요즘 문법책은 뭐가 잘나가요?"

"미드를 볼까요?"

"전화영어를 해볼까요?"

영어를 공부하려는 사람들은 이리저리 늘 이런 식으로 헤매곤 한다. 어떤 길이 지름길이고 쉬운 길이라는 걸 정확히 모르기 때문이다. 이 방법이 더 좋을까, 저 방법이 더 좋을까, 늘 기웃거리다가 말뿐이다. 영어도 우리말과 마찬가지로 잘하려면 역시 '독서'일 뿐인데, 아무리 경험한 사람으로서 정답을 알려줘도 쉽사리 받아들이지 못하는 어른들이 많다. 아마도 이렇게 속으로 생각하나 보다.

'에이, 아무렴. 고작 어린애들이나 보는 영어 그림 동화책이 뭐 그리 대단하려고. 그 두꺼운 토플이나 문법책들을 그동안 그렇게 파고, 또 파도 그다지 달라지지 않던 영어 실력인데.'

그러나 나는 영어 동화책의 그 마법 같은 효능을 익히 체험했기에, 포기하지 않고 늘 전도(?)하고 있다. 기회가 될 때마다 어른들에게도 이 마법을 전해준다. 이 글을 쓰는 주된 목적 중 하나도 바로 그것이다.

때로는 영어 동화책의 효능에 아직도 고개를 갸웃거리는 어른들이 있다. 물론 이해할 수 있다. 영어 동화책을 실제로 접하기 전에는 나 역시도 그러했으니. 하지만 엄청난 결심을 하지 않고도 언제 어디서나 집어 들 수 있는 영어 동화책에 한 번 매료된다면 지금 내가 전달하고자 하는 메시지를 충분히 받아들일 수 있을 거다.

그리고 동화책을 넘어 당연히 영어로 된 책을 많이 읽으면 읽을수록 영어 단어와 문법을 더욱더 많이 알게 되고 토익, 토플, 수능 점수도 올라간다. 그러나 그 반대로 시험 점수를 위해 영어 단어와 문법을 공부한다고 해서 영어로 된 책을 잘 읽을 수는 없다.

중요한 건 그 책들 안에는 읽을거리가 풍부하다는 거다. 픽션 책이라면 흥미로운 주인공들, 다채로운 사건, 논픽션 책이라면 흥미로운 사실들이 가득하다. 영어 동화책을 늘 끼고 살아서 영어로 쓰인 책에 거부감이 싹 없어진다면 영어로 된 다양한 책들을 아주 쉽사리 집어 올릴 수 있을 것이다.

"가장 재미있을 거 같은 책을 한번 골라볼까?" ———

내가 꿈꾸는 우리 라임의 풍경은 아이들이 편안한 자세로 어딘가에 앉거나 누워서 책을 읽고 있는 모습이다. 아이들끼리 책 내용을 이야기하면서 키득거리며 즐기는 풍경을 만드는 게 내가 라임을 오픈할 때 가졌던 목표 중 하나였다.

'이런 독서 습관은 어떻게 하면 생길 수 있을까?'

처음엔 계획적으로 접근하지는 않았다. 그저 동화책에 대한 애정을 듬뿍 담아서 아이들에게 읽어주었다. 아이들도 함께 즐거워하며 행복한 추억을 쌓아갔다. 그 와중에 아이들은 글을 이해하는 능력을 배워서 스스로 책을 읽을 수 있을 만큼 성장해 갔다. 그때부터 나는 슬쩍 나의 전략을 밀어 넣기 시작했다. 내가 매우 사랑하는 작가, 파멜라 엘른(Pamela Allen)의 책을 수업할 때 모두 꺼내온다. 일단 아이들에게 흥미를 끌어내고 나서, "너희들, 가장 재미있을 거 같은 책을 한번 골라볼까?"라고 이야기한다. 그러면 아이들끼리 쟁탈전이 벌어진다. 누가, 누가 더 재밌는 책을 고를지 야단법석을 떤다.

아이들이 자발적으로 책을 선택할 기회를 은근슬쩍 주는 셈이다. 그리고 나서 다음 시간에 와서는 서로의 책이 더 재미있다고 재잘거린다. 그리고는 서로 책들을 교환하여 읽는다. 이렇게 되면 내 작전은 성공!

책을 읽는 전략을 더 쌓아가면 영어도서관 프로그램인 스콜라스틱 리딩 카운트(Scholastic Reading Count)를 병행한다. 개별적인 리딩 레벨에 따라 선정된 책을 정해진 시간 안에 읽고 독서 이해력 테스트를 간단히 함께한다. 10문제 중 7문제 이상을 맞추면 통과이다. 이 관문을 통과한 아이들은 자신감이 상승한다.

"선생님, 저 8문제로 통과했어요!"

"저는 아쉽게 6문제로 통과하지 못했지만, 집에 가서 다시 읽고 와서 도전할게요!"

나에게 통과의 여부는 중요하지 않다. 아이들 스스로 성취감을 얻고 노력하는 자세가 너무나도 대견스럽다. 아이들과 함께 구석에 앉아서 영어책을 읽는 모습, 상상만 해도 기분이 좋다.

우리 아이들만은
똑같은 실수를
반복하지 않기를 ———

우리나라에선 '국영수'라고 하면 학생들에겐 마치 무슨 주문처럼 더 이상의 토도 달 수 없을 만큼 너무나도 중요한 학과목들이다. 그중 하나인 영어. 하지만 학교를 모두 졸업하고 나서는 학과목으로 존재하는 건 아니다. 그러나 과연 영어의 중요성이 사라졌을까? 아니다. 사회에 나와 보니, 여전히 영어는 유용한 도구로 생각보다 그 존재감이 더 크다. 그렇지만 중고등학교, 심지어 대학까지 머리를 싸매고 공부했던 영어였지만, 대다수는 영어에 자신감이 없는 게 현실이다.

"아, 당황스러워. 학교에서 배운 영어로는 내 삶에 도움이 안 되겠어."

한국에서 영어교육을 받은 사람이라면 모두 느꼈을 법하다. 우리는 영어교육의 첫 단추를 잘못 끼웠던 셈이다. 삶의 유용한 도구가 아닌 학과목으로서만 영어를 배웠다. 그렇다면 과연 지금은 다를까? 중학교 영어 시험지를 들여다보니 30년 전 내가 치르던 시험과 별반 다를 바가 없었다. 조금 달라진 점은 영영사전의 의미를 찾는 부분이 추가되었다. 아이들이 암기해야 할 부분이 더 늘어난 셈이기도 하다.

무엇인가가 잘못된 것이라는 걸 대부분은 인지하고 있는데, 왜 바뀌지 않는 걸까? 첫 단추를 잘못 끼웠다고 교육 현실을 탓해 보았자, 바뀌는 것은 없다. '삶의 도구로 영어를 어떻게 시작해야 할까?'에 대한 깊은 고민이 필요하다.

우리 문화와 영미권 문화가 어우러진 지혜와 지식을 나누면서 본인이 스스로 성장할 수 있는 좋은 도구로 인지하고 다가가야 한다. 그렇다고 교실에서 배우는 영어를 배제하고, 디즈니 애니메이션과 '미드'에 나오는 영어만을 배우자는 이야기는 아니다. 이 교수 방법과 함께 영미권 문화에 관련된 지혜와 지식을 더불어 나누어야 한다는 것이다. 그들의 문화와 우리의 문화 차이를 알아가면서 느끼는 성취감도 참으로 흥미롭다. 그 과정에서 지식은 저절로 쌓인다. 그러면서 나 스스로 성장하고 있다는 걸 충분히 느낄 수 있다.

첫 단추가 잘못 채워진 상태로 계속 놔둘 수는 없다. 잘못되었다면 나라도 다시 단추를 끼워야 한다. 가장 중요한 건 우리 아이들에게도 똑같은 실수를 반복하게 해서는 안 된다는 것이다. 이 사실을 늘 잊지 말아야 한다.

"선생님이 싫어하는 작가는 도대체 누구예요?" ───

　　　　　　　새로운 영어 교육방법을 어떻게 시작하면 좋을까? 입소문이 난 학원? 과외? 성적 잘 올려주는 학원? 영어 대회 입상을 많이 한 곳?

우선 온라인 또는 오프라인으로 수업 커리큘럼을 잘 들여다보길 바란다. 물론 명시된 커리큘럼과 수업 내용이 다른 경우도 종종 있다. 여전히 문법, 영어 단어 테스트가 우선시된다면, 그리고 우리가 기존에 배워 왔던 커리큘럼과 비슷하다면 다른 곳을 둘러보길 바란다. 이미 우리는 새로운 교육방법을 찾아 나섰으니 말이다.

외국어 공부를 시작하기에 가장 좋은 도구는 여러 번 강조하지만, 역시 영어 동화책이다. 영어 동화책으로 수업하는 곳을 기준으로 정하면 선택하기 쉬워진다. "영어 동화책으로 수업하는 게 왜 중요한가요?"라는 질문을 한다면 학습을 목적으로 쓰인 글이 아니라 생활에 쓰는 자연어를 썼기 때문이다. 따로 공부하지 않아도 다른 나라의 문화가 풍부하게 녹아 있어 습득하기 쉽다.

자, 그럼 영어 원서를 많이 읽을 수 있는 교육기관을 찾을 수 있을까? 생각보다는 쉽지 않다. 영어 독서 전문 기관은 독해 능력이 높은 아이들에게는 효율적이다. 아직 독해 능력이 부족한 아이들은 체계적인 리딩 프로그램이 있는 곳을 택하는 것이 좋다. 부족한 독서량은 도서관 프로그램을 이용하여 가정에서 읽는 것을 적극적으로 추천한다. 그러면 부모도 읽을 수 있고, 아이도 읽을 수 있으니 얼마나 효율적인가.

라임에도 영어도서관 프로그램이 진행 중이다. 간혹 책만 빌리고 싶은 분들도 계신다. 하지만 읽기 프로그램을 거치지 않고는 큰 효과를 보기가 힘들다. 그리하여 영어도서관만을 따로 운영한다면 효율성 면에서 떨어진다.

우리 라임 아이들은 언제나 책을 무료로 마음껏 빌려 갈 수 있다. 어떤 친구들은 작가별, 캐릭터별로 묶여 있는 시리즈를 빌려 간다. 아이들의 손때가 묻은 정겨운 책들을 발견하면 더없이 뿌듯하다.

"선생님, 이번에는 에즈라 잭 키츠(Ezra Jack Keats) 책들 빌려주세요!"

"응, 저쪽 책꽂이에 모여 있네! 선생님이 엄청나게 좋아하는 작가인 거 알고 있지?"

"선생님이 싫어하는 작가는 도대체 누구예요?"

이 질문에 난 그저 환하게 웃는다. 역시 아이들은 다 알고 있다. 내가 영어 동화책을 무척 사랑하고 있다는 것을.

부모님들도 영어를 함께 즐기면 아이들도 온전히 함께 즐길 수 있는 확률이 높아진다. 전문 교육기관이든, 집에서든 영어 동화책을 접하게 해주어야 한다. 이것이 새로운 영어 교육방법으로는 최고인 셈이다.

라임 아이들은 단어를 외우지 않아요!

아이들은 영어 단어를 외우는 걸 정말로 지겨워한다. 외워도, 외워도 끝날 거 같지 않다. 열심히 외워도 모르는 단어는 또 나오고 또 나온다.

"아, 언제 끝나는 걸까?"

영어 단어를 시간과 노력을 들여서 외우는 아이들이 안쓰럽다. 아이들의 그 힘든 여정을 덜어 주고 싶다. 그래서 우리 라임에서는 그 흔한 영어 단어 시험을 치르지 않는다. 영어 단어를 기계적으로 외우지 않는 아이들은 영어가 지겹지 않다. 오히려 모르는 단어가 나오면 흥미로울 뿐이다.

뜻을 모른다면 문맥의 앞뒤를 살펴보고 의미를 유추한다. 그리고 그 단어가 문장에서 어떤 자리에 어떻게 쓰이는지를 파악하면서 문장의 감각이 생긴다. 문장이 가지는 적확한 감정을 느끼고 전달할 수 있다. 물론 이 과정은 단어를 암기하는 과정보다는 시간이 더 많이 걸린다. 하지만 장기기억으로 전달된다. 이 얼마나 이상적인 언어 습득 방법인가!

그러나 암기하고 있지 않은 아이들을 바라보는 어른들은 살짝 불안하다. 본인이 해보지 못한 방법이라 그럴 수도 있다. 아이들이 우리와 같은 실수를 반복하지 않기를 바란다.

"라임은 다른 학원과 뭐가 달라요?"

누군가 물어온다면 우리 아이들은 큰소리로 대답할 것이다.

"라임에서는 영어 단어를 외우지 않아요!"

아이들의 눈빛은 만족감으로 빛난다. 새로운 길이지만, 보장된 길을 나는 아이들과 함께 간다. 그 결과로 아이들은 자발적인 단어 찾기를 통해 영어 단어를 알아가는 즐거움을 안다. 또 개별적으로 참여한 영어 말하기 대회와 영어 스피치 대회에서는 대상을 타서 오기도 한다. 때로는 영어 동화에서 체화한 이디엄을 사용하여 원어민 선생님께 놀라움을 선사한다. 이뿐만이 아니다. 우리 라임에서는 학교 시험을 위한 수업은 전혀 진행하지 않지만, 대부분 라임 아이들은 학교에서 우수한 영어 성적을 받아온다. 미국 국무부 교환학생 테스트에도 준비 없이 한 번에 통과하는 괴력을 뽐내기도 한다. 뉴욕 문화를 체험하는 기회가 있을 때는 현지 미국인들과 스스럼없이 본인 의사 표현을 할 수 있다. 더 나아가 현재 이슈인 뉴스를 영어 텍스트로 제공하여도 라임 아이들은 부담 없이 읽어낸다. 이러한 실질적인 결실을 보면서 나는 제대로 된 영어교육의 길을 가고 있다고 자부한다.

'생각 부자'
아이들과 함께!

소리와 재미있게 놀고
생각 주머니를
키워보자~!

ABCDEFGHIJKLMNOPQRSTUVWXYZ

PART 3

골드키즈야, 영어놀이터에서 놀자

'운율 사냥꾼(Rhyme Hunter)'이
되어볼래? ———

우리가 태어나서 가장 많이 듣고 말하는 단어는 무엇일까? 바로 '엄마'라는 단어가 아닐까? 갓 태어난 아이는 '엄마'라는 단어를 얼마나 들었을까? 이 '엄마'라는 말은 아이가 언어를 구사할 수 없는 기간 동안 가장 많이 듣게 되는 단어가 아닐까 싶다. 그러면 아이들이 처음 내뱉는 단어는 무엇인가? 바로 역시 '엄마'라는 단어이다. 어쩌면 '아빠'일 수도 있겠지만 말이다. 어쨌든 처음으로 아이가 "엄마"라고 말했을 때 감동이란 이루 말로 표현하기가 힘들다.

이 '엄마'라는 단어는 가장 많이 듣고 인지하는 단어이기에 첫 번째 아웃풋 단어가 되는 셈이다. 아이가 문자를 해독해서 읽게 되는 시기에 엄마라는 단어를 마주했다면 그 단어에 대한 의미파악이 필요할까? 그럴 리가 없다. 이미 소리에 대한 엄청난 노출과 높은 사용 빈도로 읽음과 동시에 의미가 바로 파악되는 것이다. 충분히 소리에 노출되면 문자를 해독하는 데 도움이 되는 동시에 이해도 저절로 되는 법이다.

우리는 자는 시간을 제외하고 하루 24시간 동안 한글에 노출되어 있다. 그러면 영어 노출 시간은 어떠할까? 일반인들에게는 거의 0시간에 가깝지 않을까? 혹여 영어 공부를 하고 있다면 여전히 소리보다는 글자에 의존하여 단어와 문법을 외우는 데 노력을 기울이고 있지 않은가?

이런 현상은 서점에 즐비하게 놓여 있는 영어교재들만 봐도 알수가 있다. 대부분 교재는 글을 읽을 수 있는 학습자를 대상으로 한다. 소리만을 훈련할 수 있는 교재는 찾아보기 힘들다. 이런 교재들만으로는 충분히 소리에 노출될 수가 없다.

이런 문제를 한 번에 해결할 수 있다면? 이러한 질문에 대한 답은 바로 역시나 영어 동화책과 함께하는 것이다. 더불어 부모님이 읽어준다면 가장 효과적인 소리 교재가 된다. 모국어를 습득하듯이 소리부터 충분히 노출하면 영어를 자연스럽게 이해하고, 또 그 이해력을 바탕으로 읽을 수 있게 된다.

정말 핫한 파닉스,
과연 어린이 영어의 정답일까? ──

유아 또는 초등 영어를 대표하는 단어는 알만한 사람은 다 안다는 '파닉스'이다.

"파닉스 특강반 있나요?"

"파닉스를 마스터하는 기간은 얼마나 되나요?"

"파닉스 수업만 들을 수 있나요?"

어린아이를 가진 부모들은 늘 이런 질문에 목말라한다. 그렇다면 어린이 영어를 대표하는 단어가 왜 파닉스일까? 한국 교육 문화의 정서적 분위기 특성상 어린아이들이 문자를 읽어내는 시기에 대해 민감한 편이다.

"○○는 36개월 때 한글을 뗐다네!"

아이를 둔 집마다 엄마들은 자신의 아이가 언제 한글을 뗐는지, 올림픽 대회라도 치르는 듯 그 기간의 갱신에 열을 올린다. 이런 문자 사랑은 영어교육에서도 여실히 나타난다. 어린이 영어의 왕도라고도 여겨지는 파닉스 과정을 거치면 영어를 빨리 읽을 수 있을 거라고 믿는다.

그럼 엄마들 사이에서 영어교육의 최고 아이템으로 여겨지는 파닉스란 도대체 무엇인가? '파닉스(Phonics)'란 소리와 문자 간의 관계를 이해하는 과정이다.

예를 들어 cat(고양이)이란 단어를 이미 '캣'이란 소리로 인지하고 있어야 한다. 내 눈앞에 있는 저 귀엽고 사랑스러운 동물이 '캣'이라는 걸 말할 수 있어야 한다는 말이다. 이런 상황에서 소리로 전달되는 cat이라는 단어 안에는 /c/-/a/-/t/라는 소리가 들어있다는 걸 습득하기는 매우 쉽다. 이런 과정을 겪는 아이들은 파닉스 시간에 44개의 알파벳 문자와 문자군들의 음가를 배운다. 그러면 프린트된 단어들을 스스로 읽을 수 있다.

이처럼 우리나라 대부분 영어교육 현장에서는 소리에 대한 노출 없이 알파벳을 먼저 인지하고 나서 그다음에 음가를 외우게 한다. 그리고 보면 예전에 외웠던 발음기호들이 지금의 음가를 의미한다. 이렇게 암기한 음가대로 읽으면 표면적으로 아이들이 글을 읽는 것처럼 보인다.

그러면 소리부터 노출하는 교육방식과 글자부터 노출하는 교육방식은 뭐가 다를까? 사실 이 두 가지 방법에서는 매우 큰 차이점이 드러난다. 전자로 훈련된 아이들은 소리만을 듣고 비교적 정확하게 영어 철자를 쓸 수 있다. 하지만 후자는 소리를 듣고 쓰는 훈련은 되어있지 않기에, 우리가 해왔듯이 단어 철자를 외워야만 한다. 그러니 파닉스는 배웠으나, 영어 단어의 철자와 뜻을 또 암기해야만 하는 것이다.

이처럼 아이들은 영어를 읽기 위해서 파닉스라는 과정과 또 단어 뜻과 철자를 알기 위해서 암기하는 과정을 2번 거쳐야 한다는 말이다. 하지만 소리부터 노출된다면 어떻게 될까? 이 두 과정은 간단히 한 과정으로 간소화할 수 있다. 그래서 어린아이들이 영어를 배울 때는 파닉스 이전에 반드시 소리를 먼저 배워야 한다는 것이다. 이 중요한 차이점을 어린아이를 둔 엄마들은 절대로 잊지 말아야 한다.

골드키즈야, 소리와 재미있게 놀자! ——

요즘은 집마다 아이가 하나인 경우가 많다. 그래서 예전처럼 방목형으로 교육하진 않는다. 이런 분위기 때문에 '골드키즈(gold kids)'라는 신조어까지 생겼을 정도다. 골드키즈는 사전상 의미로, 부모의 아낌없는 투자로 왕자나 공주처럼 귀하게 키워지는 외동의 자녀를 말한다. 그런데 자식이 하나뿐만 아니라, 둘일지라도, 혹은 그 이상이라도 누구나 요즘은 왕자나 공주처럼 귀하게 키우고 싶어 한다.

다들 '젊어서 고생은 사서라도 한다'라는 말은 이제 다 옛말에 불과하고, 고생은 가능한 한 안 하는 게 좋다는 걸 인정하니까 말이다. 그래서 부모들 마음은 어떻게 하면 우리 아이가 좀 더 편하고 행복하게 살 수 있도록 할까 하는 바람뿐이다. 이런 분위기 탓에, 엄마들은 어떻게 하면 아이에게 좋은 교육을 선사해줄지 발을 동동 구른다. 특히 아직은 다른 과목에 비해 낯선 영어교육에선 더 그렇다.

그래서 15년 이상을 어린이 영어교육의 현장에서 아이들을 가르쳐왔던 나는 그 해답을 엄마들에게 딱 잘라 이야기해 주고자 한다. 어린아이들에게 가장 좋은 교육 교재는 영어 동화책과 전래 동요(Nursery Rhyme)라고 말이다. 이건 간단하지만, 정말 중요한 이야기다. 이 교재들은 파닉스 이전에 소리와 즐길 수 있는 요소들로 가득 차 있다. 우선 전래 동요(Nursery Rhyme)인 'Rain, Rain, Go Away(비야, 비야, 오지 마)'를 함께 들여다보자.

Rain, rain, go away! Come again another day. Little Sally wants to play. Rain, rain, go away.
(비야, 비야, 오지 마! 다른 날에 다시 와. 어린 샐리는 놀고 싶어. 비야, 비야, 오지 마.)

여기에서 세 단어 away, day, play가 같은 운율로 이루어져 있다.

Can you find the same ending sound?
같은 끝소리가 들리니?

Yes, I can find /ay/ sound.
네, /에이/소리를 찾을 수 있어요.

리듬 언어인 영어에서는 운율이 모든 텍스트에 흩어져 있다. 아
이들은 보물 찾듯이 모든 곳에서 라임을 찾을 준비를 한다.

키스 베이커(Keith Baker)의 『Who is the beast?(누가 야수일까?)』
에선 동화책 곳곳에 운율이 많이 놓여 있다.

The beast! The beast!
(야수다! 야수야!)

We must buzz along.
(우리는 붕붕 날아가야 해.)

We see his legs, sure and strong.

(야수의 안정되고 튼튼한 다리를 봐.)

이 순간, 아이들은 운율 사냥꾼(Rhyme Hunter)이 된다.

> **What rhyming words can you find?**
> 어떤 운율을 찾을 수 있니?

> **along and strong**

이렇게 소리를 즐기면서 동시에 같은 운율을 가진 단어들을 확장할 수 있다.

어린아이들은 소리와 놀수록 영어를 더욱더 즐길 수 있다. 엄마들은 아이들이 영어를 단순하게 읽어내는 데만 민감하게 반응하기보다는 충분히 소리에 노출되도록 해서 아이들이 영어를 즐길 수 있도록 해야 한다.

생각주머니를
키워보자 ———

엄마들 사이에 '거실을 책장으로 꾸미기'가 한창 유행이었던 때가 있었다. 그 당시 영재 교육 중의 하나인 '다독이 열풍'이 불었다. 라임 아이들도 마찬가지였다. 보민이네 집도, 민주네 집도 책들로 가득 차갔다. 그런데 엄마들이 일단 책은 많이 샀지만, 아이가 스스로 흥미를 갖고 읽기는 쉽지 않다. 엄마들도 큰돈을 들여서 책을 마련해 놓았으니, 아이들이 잘 활용하지 않으면 조급함이 생기기 마련이다.

그래서 내어놓은 방편이 '읽은 책 뒤집어서 꽂아 놓기' 또는 '스티커 붙이기'였다. 양질의 독서를 권장하기보다는 다독을 권장하는 분위기가 만들어졌다.

아이들은 본능적으로 부모에게 칭찬을 받기 위해서 노력한다.

하지만 아이의 생각 크기는 확장되지 못한 상황에서 스스로 읽기는 문장을 이해하는 능력에 도움이 되지 않을 수도 있다. 아이들의 생각 주머니가 키워질 기회를 놓치게 되는 셈이다. 특히 모국어가 아닌 외국어를 전문적인 전략 없이 많이 읽기만 한다면 더 그렇다.

나는 교육 현장에서 영어 원서를 정말 잘 읽는 아이들을 가끔 만난다. 정말 원어민과 비교해도 손색이 없다. 그래서 기대에 부푼 나는 그런 아이들에게 책에 관련된 질문을 몇 가지 던진다.

"What does the author want to say in this part?"
(저자는 이 부분에서 무슨 말을 하고 싶을까?)

"Can you find the clues to figure out this meaning?"
(이 의미를 파악하기 위한 단서들을 찾을 수 있니?)

아쉽게도 이런 질문에 유연하게 대답을 해주는 친구들은 만나보지 못했다. 이런 부족함을 채우기 위해 라임으로 온 친구들도 이런 질문들에 익숙해지기까지는 많은 시간이 걸린다. 아이들 처지에서는 문단마다 질문 폭탄이 쏟아지니 힘들 수밖에 없다. 시간이 흘러 이런 질문들에 익숙해지면 아이들이 먼저 질문을 예측한다. 혼자서 책 읽기를 할 때도 스스로 질문을 던지고 답을 하는 사고의 방식이 형성되는 것이다.

이렇게 준비가 된 아이들은 이제 혼자서 다독을 하면 효과가 극대화된다. 이처럼 부모를 위한 독서가 아니라 아이 자신을 위한 독서가 되어야 한다.

스스로 책 읽기 딱 좋은 시기는? ———

그렇다면 엄마들은 이쯤 되면 한 가지 질문이 떠오를 것이다.

"몇 살쯤에 어린아이들이 스스로 책을 읽어야 할까요?"

모국어일 경우 천재인 아이는 아마 4살쯤? 조금 똘똘한 아이는 5살? 보통인 아이들은 6살? 그리고 조금 다른 아이들보다 학습 능력이 떨어지는 아이들은 7살?

많은 학부모를 만나면서 정리한 나름의 데이터이다.

그런데 이건 도대체 무슨 기준으로 나온 데이터일까? 단순히 책을 일찍 읽는 것이 언어 습득 능력과 무슨 상관이 있다는 것일까? 앞에서도 언급했듯이, 읽는 시기에 집착하면 문자 해독 능력을 어린아이의 전체 학습 능력으로 착각할 수 있기 때문이다.

어떤 엄마들은 종종 "우리 아이는 4살 때부터 책을 혼자 읽어요"

라며 매우 자랑스럽게 말하기도 한다. 이런 말을 주변 엄마들에게 서 들었을 때 '우리 아이는 아직 혼자 책을 못 읽는데'라고 낙담할 필요는 전혀 없다. 물론 4살에 책을 스스로 읽는 것은 정말 대단한 능력이다. 하지만 자칫 이 시점에서 중요한 과정을 놓칠 수 있다.

아이의 뇌 발달 특성상 6세 이전의 아이들은 듣는 것을 잘하지 만, 글자 인식을 제대로 하지 못한다. 그러니 4세에 아무리 문자를 읽어낸다고 하더라도 인식을 제대로 하지 못한다. 이때는 어른이 글의 양과 생각할 거리가 많은 이야기가 담긴 책을 어린이에게 집 중적으로 읽어주어야 한다. 6세까지는 모든 아이가 듣기의 천재들 이므로 묻지도 말고, 따지지도 말고 충분히 양질의 독서를 부모가 해주어야 할 의무가 있다. 6세까지 듣기를 통하여 아이들은 어휘량 이 엄청나게 늘고 쌓이게 된다. 이를 바탕으로 7세 때 글자를 읽으 면 제대로 받아들일 수 있다.

"문자 해독 능력의 습득 시기가 중요한 것이 아니라, 그 아이의 머릿속에 얼마나 많은 어휘와 문장이 있느냐가 중요해요."

나는 가끔 아이가 책을 늦게 읽는다고 애태우는 엄마들을 만날 때마다 이렇게 이야기해 주곤 했다.

혹시 우리 아이가 혼자 책을 너무 잘 읽고 있는가? 그렇다면 옆 으로 살포시 다가가서 책을 같이 읽어줘 보자. 아이가 자칫했으면 놓칠 뻔한 소중한 경험을 되찾는 순간이 될 테니까.

생각의 그릇 키우기 ──

　　　　　어린아이를 무릎에 앉히고 엄마가 즐겁게 이야기 책을 읽어준다. 집중한 아이의 얼굴이 떠오르는가? 사뭇 진지하기까지 하다.

"엄마, 이 토끼는 주머니에 시계가 있는 거야?"

"이 물고기는 왜 친구가 하나도 없어?"

병아리처럼 작고 귀여운 아이의 입에서는 재잘재잘 질문들이 쏟아진다. 엄마가 매일 이렇게 책을 읽어주는 게 쉽지는 않다. 하지만 이때는 억만금으로도 바꿀 수 없는 소중한 시기라는 걸 강조하고 싶다. 물론 현실에서는 아이의 유치원 숙제도 도와주어야 하고, 때로는 둘째가 방해하고 야단법석인 것도 알고 있다.

그렇지만 이것만은 꼭 기억해야 한다. 어른이 책을 읽어주는 동안 아이의 생각 그릇은 점점 커진다는 사실을. 아이는 책을 읽을 때 그림도 봐야 하고, 내용도 이해해야 하고, 궁금한 건 질문도 해야 하고, 또 본인의 처지와도 연결해야 하니까 말이다.

만약 4세 아이가 문자를 해독해서 스스로 책을 읽을 수 있다고 하자. 아직 생각의 그릇이 작은 상황에서 혼자 책을 읽는다면 그 확장의 기회가 쉽게 사라지는 셈이다. 그러니 7세 이전까지는 부모가 책을 읽어줘서 아이의 생각 그릇을 최대한 많이 키워놓아야 한다. 생각의 그릇이 커진 이후에는 아이 스스로 독서를 즐기는 아이가 되어있을 거다.

수업을 진행하다 보면 나보다 지식이 풍부한 아이들도 많다. 특히 과학 분야는 그렇다. 사실 수업시간 이외에는 다양한 과학 서적을 접하지 않으니 아이들이 더 많이 알고 있기도 하다. "우아! 너 정말 과학 박사구나. 선생님도 모르고 있는 사실을 덕분에 알게 되었네. 고마워! 네가 알고 있는 사실에 대해 더 알려 줄 수 있니?"라고 반응을 하면 아이는 "네, 제가 내일 관련된 책을 들고 와서 보여드릴게요"라고 활짝 핀 미소로 대답한다. 이렇게 생각의 크기가 자라고 있는 아이들 덕분에 나도 더불어 성장해 간다.

고맙다, 애들아!

영어와 한글이
뭐가 다를까? ──

I'm Jessie Lee.
(저는 이 제시입니다.)

제시(Jessie)는 내 영어 이름이다. 이름을 적는 순서를 자세히 보면 영어는 본인의 이름이 앞에 위치하고, 가족의 성은 뒤에 위치한다. 이는 가족보다는 개인을 중시하는 문화임이 드러난다. 그러나 우리는 개인보다는 가족을 중시하는 문화이기에, 가족의 성이 앞에 위치한다. 이런 문화적 차이가 어순에도 드러나는 셈이다.

이번에는 영어 주소 표기법을 보자.

50, Sinjeong-ro 126beon-gil, Nam-gu, Ulsan

(울산광역시 남구 신정로126번길 50)

주소 표기법도 우리나라와 정반대로 사용된다. 우리는 큰 순서부터 나열하고 미국은 그 반대로다. 이 순서로 보면 한글은 비교적 큰 범위의 단어가 우선시 되고, 영어는 작은 범위의 단어가 우선시 된다. 왜 순서가 다를까?

우리는 큰 것을 먼저 보고 작은 것을 보는 성향을 지녔으며, 이와는 반대로 서양인들은 작은 것을 먼저 보고 큰 것을 보는 성향을 지녔기 때문이다.

이 성향은 문장에도 적용이 된다.

영어는 일단 목적부터 이야기하고 배경을 나중에 설명한다. 한글에서는 배경 설명을 먼저 하고 목적을 말한다.

Eddy lost his teddy in the wood somewhere.

(숲속 어디에선가 에디는 그의 곰 인형을 잃어버렸어.)

이렇듯 영어와 한글은 다른 관점으로 다른 순서를 가지고 있다. 이 다른 점을 받아들여야 한다. 이런 다른 점을 인지하고 나면 영어를 더는 어렵다고 생각하지 않을 것이다. 우리가 그토록 이제까지 헤맸던 영어는 알고 보면, 어려운 것이 아니라 '다른' 것이었다. 왜 다른지를 알고 나면 영어에 대한 흥미도가 높아진다.

어순이 중요할까? ———

한글에서의 어순은 중요할까, 중요하지 않을까? 결론부터 말하자면, 한글에서는 어순이 중요하지 않다.

꼬부랑 할아버지가 꼬부랑 지팡이를 짚고 꼬부랑 길을 걸어간다.
꼬부랑 지팡이를 짚고 꼬부랑 할아버지가 꼬부랑 길을 걸어간다.
꼬부랑 길을 꼬부랑 할아버지가 꼬부랑 지팡이를 짚고 걸어간다.
꼬부랑 길을 꼬부랑 지팡이를 짚고 꼬부랑 할아버지가 걸어간다.

이 네 문장 모두 순서는 다르게 배열되어 있다. 하지만 어색하지 않다. 그 이유가 무엇일까?

한글에는 '조사'라는 멋진 친구가 존재한다. 단어들이 제자리에 놓여 있지 않아도 조사라는 친구 덕에 그 역할을 확실하게 해준다. 하지만 영어는 다르다.

(꼬부랑 길을 걸어가는 꼬부랑 할아버지가 있어.)

There was a crooked man who walked the crooked mile.

A crooked man there was who walked the crooked mile.

Who walked the crooked mile there was a crooked man.

이 세 문장 중 첫 번째 문장만 어색하지 않다. 나머지 두 문장은 의미를 파악할 수조차도 없다. 이렇듯이 영어는 어순이 매우 중요하다.

우리 머릿속에 영어의 형식을 따로 체득하는 공간이 필요하다. 한글식으로 영어를 받아들이고, 이를 또 한글식으로 아웃풋을 하려고 했던 우리. 이제 고이 놓아두고, 영어식 사고를 장착해보자.

모든 어순은 1형식에서 5형식 안에 모두 포함되어 있다. 그중 가장 기본은 '주어+동사'이다. 이 형태로 문장을 만들어 보자. 익숙해질 때까지 반복해야 한다. 동화책에 나온 문장들의 주어와 동사를 파악하는 것도 많은 도움이 된다.

Eddy lost his teddy in the wood somewhere.

What did he do?
그가 뭘 했어?

Lost his teddy.
그의 곰 인형을 잃어버렸어.

Who is the character?
주인공은 누구야?

Eddy
에디

이런 질문을 자주 하면 아이들은 주어와 동사에 대해 자연스럽게 받아들인다. 더불어 자연스럽게 문장도 잘 만들어 낼 수 있다.

영어 문장의 대장은 동사! ——

영어에서는 어순이 매우 중요하다. 1형식에서 5형식까지 공통되는 부분은 주어 다음에 반드시 동사가 온다는 것이다. 이때 동사에 따라 문장 형식이 정해진다. 따라서 영어 문장에서 대장은 바로 동사인 거다. 이와는 다르게 한글에서는 주어가 문장의 '대장'이다.

영어 문자의 대장인 동사만 잘 활용하면 영어 문장 구사력은 생각보다 쉽다. 우선 아이들이 문장 속에서 동사 찾기 놀이를 할 수 있도록 유도한다.

마틴 워델(Martin Waddell)의 『The pig in the pond(연못 속 돼지)』에 나온 문장 중, 다음을 보자.

The pig gulped and gasped and looked at the water.
(돼지는 침을 꿀꺽 삼기고 헥헥거리며 물을 응시했지.)

What action words can you find in this sentence?
이 문장에서 어떤 동사들을 찾을 수 있니?

gulp, gasp, look

재미있게 읽고 있는 동화책 속에서 동사를 찾는 활동은 정말 즐겁다. 아이들도 크게 스트레스를 받지 않고 저절로 영어의 대장인 동사와 친구가 된다.

동사 친구들만 잘 사귀어 놓아도 아이들이 문장을 만들 때 엄청나게 도움이 된다. 물론 문법적으로 따지자면 완전자동사, 불완전자동사, 완전타동사, 불완전타동사, 수여동사, 사역동사……. 갑자기 현기증이 난다.

언어에 대한 감각을 잡아가기 전에 우리는 문법부터 배웠으니 그럴 수밖에. 우리 아이들처럼 이렇게 문장 속에서 동사를 자유자재로 찾고, 문장을 만들 때 활용을 잘하게 된다면 이제 영어 스트레스는 없다. 그래서 그 후 문법 수업이 진행될 때 아이들 틈에선 이런 소리가 여기저기서 나온다.

"아! 이 동사가 수여동사라서 뒤에 간접목적어랑 직접목적어가

오는구나!"

"make가 타동사도 되지만, 사역동사도 되는구나!"

이렇게 자연스럽게 아이들은 영어 문법을 체화한다.

우리가 원하던 그런 장면 아닌가? 집에서도 이런 활동들을 함께 한다면 충분히 가능하다. 문법책에 답이 있는 것이 아니라, 동화책 안에 바로 답이 있다!

애들아,
책과 함께 놀자! ———

사랑하는 사람도 눈에서 멀어지면 마음에서도 멀어진다. 마찬가지로 책도 나와 가까우면 가까울수록 친해질 수 있다. 요즘 들어서는 사실 책보다는 멀티미디어가 우리에게 가까이 있다.

아직 덜 굳어 몰랑몰랑한 뇌를 가진 우리 아이들이 멀티미디어에 노출이 덜 되었으면 한다. 움직이는 콘텐츠가 정지된 책보다는 월등하게 뇌를 자극하기 때문이다. 이런 몰랑몰랑한 뇌가 책의 즐거운 자극을 인식하기 전에 멀티미디어 콘텐츠에 자극을 받으면 어떻게 될까. 우리가 예측하는 대로 책에 몰입하는 뇌로 돌아가는 기회를 놓칠 확률이 높아진다.

딸아이가 어린 시절, 우리의 가방 속에는 동화책, 작은 스케치북과 색연필이 항상 들어있었다. 그리 활동적이지 않은 아이의 성격 탓에 어딜 가나 이것들만 있으면 충분했다. 내가 책을 읽어주기도 하고, 본인이 혼자 그림을 보기도 하고, 그 책에 나온 주인공도 그리곤 했다. 더불어 유튜브라는 거대한 공룡이 출몰하기 전이라 멀티미디어 통제는 생각보다 쉬웠다.

그런데 요즘 식당에 가면 흔히 볼 수 있는 광경. 부모가 식사하는 동안 아이들 식탁 앞, 거치대에 올려져 있는 휴대폰. 그 휴대폰에서 나오는 동영상. 아이는 앞에 놓여 있는 음식보다는 그 동영상에 몰입해 있다. 아이의 눈은 쉴새없이 휴대폰 화면만 바라볼 뿐이다. 그러다가 혹시 동영상이 멈추기라도 하면 고사리손으로 화면을 터치하며 능숙하게 다음 동영상을 선택한다. 아이가 음식은 먹지 않고 오로지 휴대폰에 빠져 있으면 옆에서 말없이 식사하던 엄마는 갑자기 큰소리를 친다.

"그거 그만 보고 밥 먹어!"

아이는 같이 크게 내지른다.

"싫어!"

엄마는 더 화가 나서 식사도 중단하고, 다시 소리친다.

"그럼, 휴대폰 이리 내놔!"

"으아아앙!"

결국에 아이는 한바탕 울음을 터뜨리고 만다.

요즘 식당에 가면 어린아이와 부모 사이에 흔히 볼 수 있는 풍경이다. 이렇게 외식이라도 할 때 아이들에게 휴대폰이라도 주어야 방해 없이 식사를 즐길 수 있다. 편해서 좋기는 하지만, 한편으로는 우리 아이가 너무 멀티미디어에 노출되는 게 아닌가 싶어서 불안하기도 하다.

어른인 우리도 휴대폰의 세계에서 허우적대다 보면 30분은 그냥 훌쩍 넘어가고 마는 게 현실이다. 물론 책에서 얻지 못하는 다양한 지식을 획득하기도 한다. 하지만 실제로는 그에 비해 비효율적인 서핑이 대부분이다. 어른들도 통제하기 힘든 멀티미디어를 아이들에게 자제력을 갖고 대하라는 건 어불성설이다. 그러니 아예 휴대폰과 친하지 않도록 어렸을 때부터 습관을 들여야 한다. 되도록 책은 더 가까이, 멀티미디어는 더 멀리!

주말은 도서관과 서점 투어를 떠나 볼까? ──

"이번 주말에 교보문고 갈까? 아니면 알라딘 중고 서점에 갈까?"

딸과 나는 토요일마다 서점 투어를 했다. 신나게 책을 읽고, 또 고른 책을 사고 나면 근처 맛집을 꼭 들렀다. 이런 신나는 주말이

매번 기다려진다. 대형 서점이 출몰하면서 우리의 놀이터는 더욱더 책을 읽기 좋은 환경으로 바뀌었다. 아동 도서 코너와 성인 도서 코너가 확실하게 분리되면서 활용도가 더 좋아졌다.

아이가 어렸을 때는 신발을 벗고 들어갈 수 있는 공간을 찾아 헤맸다. 편안한 의자, 푹신한 카펫 그리고 칸막이. 이런 편안한 공간에서 아이들은 심리적 안정감을 얻어서 책과 더 친해질 수 있다. 서점 그리고 도서관이라는 공간 자체가 독서를 목적으로 한다. 아이들은 이런 공간에서 평소보다는 독서를 더 많이 하게 마련이다.

아이들이 어리다면 일반 대형 서점보다는 중고 서점이 더 좋다. 대형 서점에는 책뿐만 아니라 아이들의 시선을 사로잡는 인형, 장난감, 그리고 팬시 제품들이 넘쳐나니까, 당연히 아이들은 책에 관한 관심보다는 그런 것들에 더 관심을 가진다. 하지만 그리 걱정할 필요는 없다. 여러 번 방문하면서 소비의 즐거움보다 독서의 즐거움을 알게 해주면 되니까.

그에 비해 중고 서점은 아이들의 시선을 사로잡는 물건들이 상대적으로 적다. 또 하나의 장점은 최고 인기인 만화책들이 비닐에 싸여 있지 않다는 것이다. 대형 서점에서는 아이들이 좋아하는 만화책들은 대부분 비닐에 싸여 있다. 읽고 싶으면 구매를 해야 한다. 아이를 키우는 학부모라면 잘 알겠지만, 만화책은 대부분 한두 번 읽고 나면 다시 읽지 않는다. 그러기에 만 원이라는 돈을 투자하기

엔 효율성이 떨어진다. 한 시간 내외면 만화책 한 권은 읽어내니 중
고 서점에 가서 읽는 건 어떨까?

우리 딸아이는 이렇게 주말은 서점과 도서관 투어를 했다. 딱히
멀리 차를 타고 여행을 가지 않아도 주말을 즐겁게 보냈다. 중학교
때는 방학 동안 혼자 집에 머무르던 아이가 어느 날 이렇게 말했다.

"버스 타고 교보문고에서 놀다 올게요."

그리고 한 마디 덧붙인다.

"피서지가 따로 없어요! 완전 시원하고 조용하고, 읽고 싶은 책
이 가득해요!"

엄마와 함께 놀던 놀이터가 이제는 혼자서도 즐기는 놀이터가
되었다. 주말에 아이들의 손을 잡고 서점과 도서관으로 나들이 가
보는 건 어떨까.

강력한 무기,
영어독서프로그램 ──

독서의 무한한 힘을 알기에, 나는 될 수 있으면 많
은 책을 우리 라임 아이들이 읽게 하고 싶었다. 일단 가정에서 소장
하고 있는 영어 동화책은 많지가 않아서 한계성이 있었다. 많이 읽
혀보자는 취지에서 아이들에게 라임 소장용 책들을 빌려주기 시작

했다. 그러나 책이 많은 환경에 노출한다고 문제는 해결되지 않았다. 자발적인 독서를 위한 그 무엇인가가 필요했다.

'어떻게 하면 아이들 손에 영어책이 떨어지지 않게 할까?'

이런 생각이 내 머릿속을 꽉 채우고 있었다. 그러던 어느 날, 미국 이민을 곧 떠나게 될 친구에게서 전화가 걸려왔다. 그 친구는 집에서 미국인 신랑과 함께 영어도서관 프로그램을 운영하고 있었다. 이민이 결정되면서 그 프로그램을 나에게 넘겨준 것이다. 뜻이 있는 자에게 길이 열리듯, 멋진 해결책이 라임에게로 왔다.

'Scholastic Reading Counts(스콜라스틱 리딩 카운트)'는 재미있고 어린이 친화적인 학습 환경을 제공하는 렉서일(Lexile) 기반의 K-12 학생들을 위한 독해 관리 프로그램이다. 책을 읽은 후, 이해도를 평가하기 위해 컴퓨터로 퀴즈를 풀어야 한다. 이를 통해 교사가 선택한 책을 읽기보다는 다양한 텍스트를 접할 수 있으며 스스로 이해도를 평가받을 수 있다. 이를 통해 작은 성취감을 맛보면서 아이들은 영어 독서를 자연스럽게 이어 나갈 수 있었다. 이 독서 프로그램으로 강력한 영어 독서 환경을 만들었다.

"선생님, 저 SRC 통과했어요!"

"이번엔 통과 못 했지만 여러 번 다시 읽어보고 재도전할게요!"

아이들은 저마다 결과를 알려준다. 이제 온라인 영어독서프로그램, 집에서 손쉽게 즐겨 보는 건 어떨까?

많이 쓴다고
잘 쓰는 건 아니야! ──

"8월 13일 날씨는 어땠지?"

"그날 난 뭐 했더라?"

익숙한 대화이지 않은가? 여름방학을 마치기 이틀 전, 집마다 밀린 일기를 쓰느라 진땀이 난다. 그 당시 인터넷이 되던 시절도 아니고, 우리 집은 신문도 보지 않았던 시절. 동생과 나는 그 기억을 끄집어내느라 고생을 했다.

몰아서 쓰는 일기의 내용은 좋을 리가 만무했다. 그저 칸 채우기 미션을 수행하는 것일 뿐. 글쓰기 능력을 높이기 위해 매일 일기 쓰는 걸 학교에서 숙제로 내줬는데, 쓰는 글의 양에 비해 질은 향상되지 않았다. 또 글을 쓰는 능력을 기르기 위해 학교에서 쓰기 지도를 받아본 기억도 없다. 그저 방학 동안 쓴 일기의 검사를 받기만 했다. 글쓰기란 누구에게 검사받는 행위일 뿐, 나를 표현하는 방법으로는 다가오지 않았다.

이와 비슷하게 어른들이 흔히 하는 실수 중 또 하나는 아이들에게 영어 문장을 따라 적게 하는 것이다. 이해력을 바탕으로 한 따라 적기는 철자법 강화와 문장 감각을 기르기 위해서는 효과적일 수 있다. 하지만 대부분의 저학년용 영어교재에는 간단한 문장만이 소개되고, 그것을 따라 적는 활동이 많다.

만약 재미있는 동화책을 읽고 가장 흥미로운 문장을 고르게 한다면, 그다음 그 문장을 여러 번 소리 내어 따라 적도록 한다. 그러면 아이는 단순하게 적는 활동에서 그치지 않는다. 그 문장을 장기 기억 속으로 저장할 수 있다.

여기서 꿀팁 하나!

그렇다면 그 문장을 일기에 넣어서 써보면 어떨까?

앤소니 브라운(Anthony Browne)의 『My mum(나의 엄마)』에 다음과 같은 문장이 있다.

My mum's a magic gardener. She can make anything grow.
(우리 엄마는 요술 정원사예요. 뭐든지 자라게 할 수 있어요.)

이 문장을 일기 속으로 넣어 보는 것이다.

My brother's super farter. He can make anywhere stinky.
(내 동생은 대단한 방구쟁이예요. 어디든 냄새를 지독하게 만들 수 있지요.)

이렇게 말이다. 즐거운 일기 쓰기, 다 같이 한번 해볼까?

잘 쓰려면 잘 읽어야 해! ——

　　유독 우리나라에선 초등학교 시절, 독서에 대한 중요성을 강조한다. 독서 골든벨, 독서 인증제 덕분에 아이들이 타의 반, 자의 반으로 독서량이 늘어난다. 그러다 중학교에 올라가면서부터 독서에 대한 관심도가 점점 사라지기 시작한다. 급기야 고등학생이 되어 소설책을 읽고 있으면 주위에서 걱정한다.

　"아이고! 네가 지금 소설책이나 읽고 있을 때니?"

　아, 이 무슨 현상이란 말인가? 문화체육관광부에서 실시하는 국민독서실태조사 데이터(2017년)로 보면 우리나라 연간 종이책 독서량은 초등학생 67.1권, 중학생 18.5권, 고등학생 8.8권, 성인 8.3권이다. 그렇게 뜨거웠던 독서에 대한 열정은 어디로 가고, 우리는 점점 책과 멀어져가는 걸까?

더구나 정작 사회에 나와서는 글을 써야 할 일들이 많아진다. 자기소개서, 이메일, 보고서. 절대적인 독서량이 많이 부족하니 이해력을 바탕으로 한 멋들어진 글쓰기는 힘이 들 수밖에 없다. 어른들도 독서량을 늘리면서 그 경험을 바탕으로 글쓰기를 시작해야 한다.

자기에 대한 글을 쓰고 싶다면 내가 읽는 책들에서 여러 주인공이 본인을 어떻게 소개하는지 잘 들여다보고 데이터를 모아본다. 이런 글감들을 가지고 글을 쓰면 든든한 지원군을 얻은 것과 같다. 처음부터 나를 완벽하게 표현해내는 글을 쓰기는 힘들다. 잘 쓰인 글들을 보면서 잘 쓰인 표현들을 습득해가는 것이다. 또 글을 쓰면서 내가 직면한 문제를 해결하는 데 도움이 된다. 그러면서 우리의 뇌는 명석해지는 것이다.

아이들도 어떠한 문제에 봉착했을 때 글로 적어보도록 유도해보자. 무엇이 문제인지 모르고 걱정만 하는 아이들이 생각보다 많다. 아이들이 글을 적으면서 아주 쉽게 그 문제를 해결해 가는 힘을 키우도록 해보자.

꼭 글로 쓰지 않아도 돼 ──

"어린아이들에게 글쓰기를 시킨다고요?"

물론 제목만 보면 어린아이들이 무슨 글쓰기가 가능한지 의문이 생긴다. 당신에게 글쓰기란 어떠한가? 일단 우리에게도 글쓰기란 친숙하지 않은 영역이다. 왠지 주제어를 내어주고 뭔가를 매우 논리적으로 적어야만 할 거 같다. 온몸과 머리는 저절로 긴장감 속에 빠진다. 이처럼 긴장된 마음으로 다가서면 쉽사리 즐길 수가 없다. 우리 대다수가 글쓰기를 즐기기 힘든 이유이다.

그러나 발상의 전환! 내 생각을 반드시 글로만 표현할 필요는 없다. 내가 읽은 내용이나 들은 내용을 이해하는 만큼 그림으로 표현하는 것부터가 쓰기의 시작이다. 그러면 긴장된 마음을 내려놓을 수 있다.

이제 막 음가를 배우는 아이가 mom이라는 단어를 배웠다고 하자. 그 단어 안에는 m-o-m이라는 세 개의 음가가 있다는 걸 아이는 알아차릴 수 있다. 그러나 그 소리를 문자로 표현하는 건 안 되는 단계이다.

Can you express the word 'mom'?

이 아이의 멋진 글쓰기가 이렇게 시작되었다.

막 음가를 배우고 있는 아이라면 자석 알파벳을 활용하면 너무 좋다.

Can you make the word 'dad'?

글쓰기란 긴장되고 힘들다는 생각이 들지 않게 때로는 그림으로 나타내고, 때로는 만들기도 하고, 때로는 자석 알파벳으로 이름도 써보면 쓰기가 즐겁지 않을까?

이런 과정을 편안하게 거치면서 아이들은 글을 쓸 준비를 하게 된다.

"쉿~! 마법이 이루어지는 곳,
영어놀이터로 들어가는 비밀의 문을 알려줄게"

'생각 부자' 아이들과 함께!

소리를 붙였다 뗐다,
붙였다 뗐다,
'소리의 마술사'가 되어보자~!

ABCDEFGHIJKLMNOPQRSTUVWXYZ

Part 4
'영어 소리 마술사'가 되어볼까?

라임(Rhyme),
넌 누구니? ——

 내가 지금 아이들과 함께하는 영어연구소 이름은 라임이다. '라임 영어연구소'. 영어는 한글과 달리 소리를 즐기는 언어이다. 그 소리의 유희를 잘 나타내는 대표적인 것이 각운(rhyme)이다. Rhyme을 외래어로 표기해도 '라임'이다. 하지만 rhyme이란 영어 철자가 어려워서 외래어로 표기가 같은 'Lime(라임)'으로 정했다. 이름을 정하고 나니 상큼한 과일, 라임의 이미지와도 잘 어울렸다.

 영미권에서 출판된 영어 동화책이나 너서리 라임(Nursery rhyme), 전래동요를 보면 라임(Rhyme, 각운)은 빠질 수 없는 중요한 존재임을 확인할 수 있다. 아동 문학 작품에 나오는 주인공의 이름들 Humpty Dumpty(험티 덤티), Messy Jessie(메시 제시), Henry

Penny(헨니 펜니), Cocky Rocky(코키 로키), Goosey Lucy(구시 루시), Turkey Lurcky(털키 럴키), Ducky Lucky(덕키 럭키), Foxy Loxy(팍시 락시) 등등이다.

이름만 들어도 이미 흥미롭지 않은가?

그렇다면 이 라임이 왜 'Early Literacy Program(조기 영어교육 프로그램)'에 빠져서는 안 될까? 구어(Oral language)에서 라임(Rhyme)은 아이들이 소리에 집중할 수 있는 능력을 높여주는 역할을 한다. 각운(Rhyme)을 교실에서는 '재미있는 소리(funny sounds)'로 부르기도 한다. 아이들이 일단 흥미로운 소리를 영어 동화책이나 너서리 라임(Nursery rhyme)에서 찾아내려고 소리에 더 집중한다. 이를 통해 집중력 향상에도 도움이 된다. 아이들이 이제 막 파닉스를 배워서 글 읽기 과정이 힘이 들 때 라임은 아이들에게 재미와 용기를 북돋운다.

영어는 한마디로 말해, '리듬 언어'이다. 아이들이 라임인 단어를 강세만 주어 읽어도 리듬이 저절로 생긴다. 그 리듬이 또 아이들의 읽기 과정을 즐겁게 한다. 활기찬 목소리로 읽는 아이들의 모습을 상상해보라. 얼마나 생기가 넘치는가.

Little Jack **Horner** sat in a **corner** eating a Christmas **pie**.
(리틀 잭 호너가 구석에 앉아서 크리스마스 파이를 먹었어.)

He stuck his **thumb** and pulled out a **plum**.
(그는 엄지손가락을 파이에 넣어서 자두를 뺐어.)

And said, "What a good boy am I!"
("나 완전, 멋지지!"라고 그가 말해.)

라임만 아이들과 강세를 주어 읽어보자. 확실하게 리듬감이 생길 것이다.

더불어 아이들이 라임이 가득한 책에 익숙해지면, 라임별로 많은 단어를 모아둘 수 있다. 그리고 새로운 단어를 만들 수도 있다. 의미가 아닌 라임별로 단어를 많이 저장할 수 있다.

그다음에 나올 라임 단어를 예상할 수도 있다. 이 전략이 암기력에 엄청난 도움이 된다.

라임(rhyme) 덕에
암기력이 쑥쑥! ──

각운(rhyme) 인지가 높으면 암기력에 많이 도움이 된다는 사실. 아이들과 수업하는 영어 동화책의 대부분은 페이지마다 또는 건너 페이지마다 라임이 반드시 등장한다. 여러 번의 수업을 진행하다 보면, 아이들이 책을 보지 않고도 줄줄 입 밖으로 내뱉는다. 이는 라임이라는 강력한 단어의 그룹이 아이들의 기억에 긍정적인 효과를 미친다. 강제적인 암기가 아닌 자율적인 기억을 하게 되는 것이다. 물론 가끔은 짧은 동시를 암기하도록 아이들에게 숙제로 내기도 한다. 아이들은 이때 라임이라는 강력한 도구로 암기 전략을 쓸 수 있다.

Who can be big? It can be a pig.
(누가 클까? 돼지요.)

Who can be small? A caterpillar and a worm that crawl.
(누가 작을까? 기어 다니는 애벌레와 지렁이요.)

단순하게 암기하기보다는 라임을 우선 머릿속에 기억하고 시작한다면 훨씬 수월하다. 잘 기억을 못 하는 친구들에게 라임이라는 힌트를 알려주면 곧장 문장을 입 밖으로 뱉어낼 수 있다.

우리 아이를 위해 불러주었던 자장가를 한번 보자.

Hush, little baby

(쉿, 귀여운 아가야)

Hush, little baby, don't say a word.
(쉿, 귀여운 아가야, 아무 말도 하지 마.)

Papa's gonna buy you a mockingbird.
(아빠가 지빠귀 새를 사 올 거야.)

If that mockingbird don't sing.
(만약 그 새가 지저귀지 않는다면)

Papa's gonna buy you a diamond ring.
(아빠는 다이아몬드반지를 사 올 거야.)

If that diamond ring turns brass.
(만약에 다이아몬드 반지가 놋쇠로 변한다면)

Papa's gonna buy you a looking glass.
(아빠가 거울을 사 올 거야.)

음은 많이 들어서 익숙하나, 가사가 너무도 외워지지 않았다. 그래서 아이를 재울 때 허밍만 해주었다. 그러던 어느 날 각운이 보이기 시작했고, 그 각운이 내 마음속으로 들어왔다. 각운이 연결되니 기적처럼 가사들이 입 밖으로 잘 꼬인 새끼줄처럼 줄줄 따라 나왔다. 너무도 신기한 경험이었다. 그래서 다른 너서리 라임(Nursery Rhyme)들도 실험을 해보았다. 우선 모든 각운을 찾았고, 그다음 전체 소리를 내어 몇 번 읽었다. 자장가를 외웠을 때처럼 같은 효과가 나타났다.

우선 아이들을 너서리 라임(Nursery Rhyme) 소리에 충분히 노출한 다음 각운을 찾아보는 건 어떨까? 이 마법을 다 같이 느껴보길 바란다.

모든 단어를 라이밍(Rhyming)해 볼까! ──

아이들이 가장 좋아하는 활동 중 하나는 본인 이름 앞에 라임(rhyme)이 되는 소리를 붙여보는 것이다.

Is your name Sally, right?
너의 이름은 샐리지, 그지?

Do you know the rhyming words with Sally?
샐리와 라임이 되는 단어들을 알고 있니?

Yes, Sally rhymes with tally, cally, rally, smelly.
네, 샐리는 탤리, 캘리, 랠리, 스맬리와 라임이에요.

Let's make the funny name with those words!
How about Tally Sally? Smelly Sally?
(이 단어들로 재미있는 이름 만들어 볼까? 탤리 샐리? 스맬리 샐리?)

아이들은 자기의 이름을 라이밍하는 작업을 참으로 즐거워한다. 이처럼 아이와 연관된 단어들로 라임을 만들어 보면 가장 효과적이다. 주어진 단어들의 의미나 형태를 수동적으로 파악하기보다는 새로운 단어를 창출해 내는 데 아이들은 흥미를 더 느낀다. 의미에 크게 구애받지 말고 새로운 언어의 형태를 만들어 가는 데 흥미를 느껴보자. 그러면 영어를 더 즐겁게 받아들일 수 있지 않을까?

아이들과 함께 라임 영어를 하는 나날들을 보내다가 어느 날 문득, 나는 이런 라임식 영어 학습법을 전 세계 아이들이 즐길 수 있는 영어 콘텐츠로 만들고 싶어졌다. 머리에 생각이 떠오르면 바로 실행에 옮기는 나의 장점을 살려 콘텐츠 발굴을 시작했다. 그리하여 찾아낸 것은 바로 유튜브. 제시가 신나게 읽어주는 영어 동화책과 너서리 라임은 어떨까? 아이들이 보면서 신나는 활동도 함께 할 수 있다면?

나는 라임을 찾고, 그 라임과 연관된 단어들을 확장하고, 음절에 맞춰 손뼉도 칠 수 있는 동영상을 제작했다. 처음엔 혼자 시작했지만 곧 나의 든든한 파트너가 나타났다. 그 파트너는 바로 지금은 고등학생이 된 나의 딸. 중학생 때부터 이 아이는 나보다도 훨씬 더 좋은 결과물을 만들어주었다. 덕분에 그렇게 만들어진 '라임 유튜브 채널'은 지금 우리나라보다는 미국과 프랑스에서 더 사랑받고 있다. 나의 즐거운 상상이 점점 더 현실이 되어간다.

조회수가 높은 국가
지난 28일(1일 지연), 시청 시간(단위: 분)

미국	▭	28.4%
프랑스	▭	22.9%
대한민국	▭	17.5%
스페인	│	1.0%
파키스탄	│	0.7%

유튜브 라임 채널 국가별 조회 수(2020년 4월 4일 기준)

음절(Syllable)
넌 누구니? ———

2020년 1월 30일, 포와이(Poway)의 뉴브리지 학교(NewBridge School). 속리 코우트(Sokry Koeut) 교사는 4학년, 5학년 학생들과 함께 '파운드와 탭(pound and tap)' 기술을 이용한 파닉스 수업에 참여했다. 학생들은 낱말로 음절을 구별하기 위해 책상을 두드리고, 각 음절의 소리를 구별하기 위해 팔을 손가락으로 두드린다.

최근 목요일에, 속리 코우트는 난독증을 앓고 있는 학생들에게 'thunder'라는 단어부터 시작해서 -er 접미사에 대해 가르쳤다.

코우트는 7명의 학생으로 구성된 자신의 교실에 "더 세게 치자"고 말했다.

"/thun/ /der/"

학생들은 음절마다 책상을 주먹으로 두드리며 읊었다.

"그게 몇 음절이었어요?"

"두 개요."

"첫음절은 /thun/이지."

책상을 손가락으로 톡 한번 두드리며 코우트가 말했다.

2020년 3월 8일, 〈샌디에이고 유니온 트리뷴(The San Diego Union-Tribune)〉에 실렸던 '샌디에이고의 유일한 난독증 학교는 이렇게 독서를 가르친다(Here's how San Diego's only dyslexia school teaches reading)' 기사 중의 일부이다.

이렇듯 구조적으로 읽고 쓰는 능력에 대한 접근법이 난독증 아이들에게 매우 효과적인 방법인 걸로 드러났다. 외국어로 영어를 습득해야 하는 우리 처지에서는 이러한 체계화된 교수 방법들이 매우 도움이 된다. 난독증 아이들의 읽기 능력을 높이는 음절 관련 교수법을 우리 아이들에게도 적용해보자.

발음보다 중요하다는 음절(Syllables) ──

straight란 단어의 음절은 몇 개일까?

우선 한글로 '스트레이트'로 적는다. 한글은 음절 언어이므로 이 단어는 5음절이다. 그러나 리듬 언어인 영어로는 1음절에 해당한다. 1음절인 단어를 5음절로 말을 하면 영어를 모국어로 쓰는 곳에서는 알아듣지 못하는 것이다.

한참 우리나라에서는 영어 발음의 중요성이 매우 강조되었다. 한국인이 특히나 어려워하는 /r/과 /l/, /f/와 /p/ 그리고 /s/와 /th/ 발음의 어려움을 극복하려고 큰 노력을 기울였다. 다른 나라의 모국어 발음을 완벽하게 소화하면 좋지만, 전 세계인이 사용하는 공통어이기에 큰 문제는 되지 않는다. 발음보다는 음절에 맞게 말하는 것이 의미를 더 잘 전달할 수 있다.

음절은 제대로 된 의미전달뿐만 아니라 영어 단어 스펠링에 매우 긍정적인 효과가 있다. 조기 영어 학습자가 소리로 음절을 인지하는 훈련이 되면, 여러 음절인 단어들을 하나의 음절별로 분류할 수 있는 능력을 갖춘다. 각각의 단음절에서 음소(최소한의 음가)를 구별해내어 스펠링을 매우 수월하게 알 수 있는 능력이 생긴다.

이와 같은 방법으로 아이들이 다음절인 단어도 우선 음절로 분리한다. 그다음 그 음절 안에 있는 음소를 파악하고 철자를 쓸 수 있는 것이다. 많은 훈련을 거치고 나면 아이들이 모국어를 듣고 받아 적을 수 있듯이, 영어도 단어를 암기하지 않아도 듣고 적을 수 있다. 아이들이 단어 철자를 기계적으로 외우지 않아도 된다는 안도감도 선사해 준다.

최강의 영어놀이,
음절 세기(Syllable counting) ──

아이들이 가장 좋아하는 영어 활동 중 하나. 바로 음절 세기(syllable counting)를 하여 분류하기이다. 아이들에게 즐겁게 동화책을 읽어준 다음, 책에 포함된 내용 단어들(content words)을 분류한다. 그다음 그 분류된 단어들로 음절 세기(Syllable counting)를 하면 되는 것이다.

에릭 칼(Eric Carle)의 『배고픈 애벌레(The very hungry caterpillar)』라는 동화책을 읽은 뒤, 그 단어들을 요일 이름과 음식 이름으로 분류하는 활동을 우선한다. 그중 첫날은 요일 이름으로 음절 세기 활동을 해보는 것이다. 이때 음절 수에 따라 손뼉 치는 활동도 함께하면 활동적이며, 아이들에게 즐거움을 선사한다.

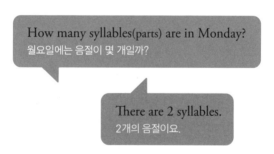

How many syllables(parts) are in Monday?
월요일에는 음절이 몇 개일까?

There are 2 syllables.
2개의 음절이요.

그리고 그다음 날은 음식 이름인 apple, pear, plum, straw-berry, orange, chocolate, cake, pickle, cheese, cherry, pie, salami, lollipop, sausage, watermelon(사과, 배, 자두, 딸기, 오렌지, 초콜릿, 케이크, 피클, 치즈, 체리, 파이, 살라미, 롤리팝, 소시지, 수박)을 음절별로 분리하는 것이다.

이와 같은 음절 세기 활동은 아이들에게 즐거운 자극을 주어 암기력에 상당한 영향력을 미친다. 실제로 읽기를 시작하는 단계의 A반과 B반을 대상으로 실험을 해보았다. A반은 그냥 소리 내어 책을 읽게 하고, B반은 음절 수에 맞추어 손뼉을 치며 책을 읽게 했다.

몇 달이 흐른 후, 실험 때 읽었던 책을 다시 읽게 했을 때는 A반보다는 B반이 단어 오류가 적었다. 이는 음절 세기를 함으로써 기억력을 높이는 데 영향을 미칠 수 있다는 유의미한 결과를 보여준다. 그리고 무엇보다도 다행인 게 지금 자라나는 아이들은 우리 때와는 달리, 영어 소리에 노출된 시간이 상대적으로 많아서 음절을 감각적으로 잘 받아들이며 즐긴다는 것이다. 그러니 엄마들은 너무 걱정하지 않으셔도 된다!

음가(Phoneme),
넌 누구니? ——

2009년, 부산 해운대에 있는 한 호텔 컨퍼런스룸. 막 조기 영어
를 배우러 다닐 무렵이었다. 사실 그 당시는 처음에 수업을 들어도
도대체 무슨 말인지를 못 알아들었다. 전문 용어와 낯선 영어 단어
들이 마치 처음 해보는 몇천 개짜리 퍼즐 조각 같았다. 어디서부터
맞추어 나가야 할지를 몰랐다.

그 컨퍼런스는 현장에서 아이들을 가르치고 있는 조기 영어교
육(Early Literacy) 지도자들의 연구모임에서 진행하는 거였다. 조별
로 정한 연구주제에 대해 결과를 발표했다. 멋진 선배들은 이미 퍼
즐을 완성해가고 있는 모습처럼 보였다. 나도 언젠가는 저 선배 지
도자들처럼 될 수 있을 거라고 마음속으로 다짐했다.

조기 영어 이론 부분은 무엇 하나 쉬운 게 없었다. 하지만 그들이 아이들에게 적용한 부분에 관한 결과는 매우 흥미로웠다. 한 그룹에서 수업 동영상을 재생했다.

선생님이 6살 난 여자아이에게 이렇게 말을 건넨다.

"Hi, Sally!"

그러고 나서 책 표지 위에 있는 그림을 손가락으로 가리키며 다시 이렇게 말한다.

"Sally, do you know what it is?(샐리, 이게 뭔지 너는 아니?)"

바로 그 아이가 대답한다.

"Yes, This is a caterpillar(네, 애벌레예요)."

여기까지는 나의 호기심을 자극하지 못했다. 영어에 노출이 많이 되거나 영어 유치원을 다니는 아이라면 충분히 이 정도의 대화는 가능하니까 말이다. 하지만 나의 호기심과 놀라움을 끌어낸 장면은 곧 이어졌다.

"Hey, Sally, please tell me what sounds you can hear in Caterpillar(샐리, 케터필러 안에 무슨 소리가 들리는지 나에게 말해주겠니)."

선생님이 부탁했다.

'응? caterpillar 안에 무슨 소리가 들리냐니?'

나는 선생님의 질문이 전혀 이해가 되지 않았다.

'소리는 몰라도 알파벳 '씨에이티이알피아이엘엘에이알'은 아는데. 설마 저 어린아이에게 발음기호를 말하라고 하는 건가?'

처음 보는 광경이라, 아이의 대답을 예측하기 어려웠다.

그 아이는 이렇게 대답했다.

"Yes, I can do it. /k//a//t//er//p//i//l//er/."

난생처음 보는 장면에 소름이 온몸에 돋았다.

도대체 어떻게
그런 능력이! ──

이제 6살인 아이가 긴 영어 단어를 듣고 그 안에 들어있는 소리를 하나씩 떼어내 대답을 한다. 분명 활자로 된 단어가 눈앞에 없는데, 어떻게 저 아이는 해낼 수 있는 걸까? 분명 우리는 활자화된 영어가 있어야 읽을 수 있고, 그 철자가 무엇인지를 파악할 수 있다.

'혹시 외국에서 살다 왔나? 혹시 영어 영재라서 저 아이만 할 수 있는 건가? 혹시 저 단어만 외운 건가?'

그때 내 머릿속에선 온갖 의문이 꼬리에 꼬리를 물고 일어났다. 컨퍼런스 휴식시간에는 참지 못하고, 해당 그룹으로 달려가서 질문을 퍼부었다. 그 답변은 더 충격적이었다.

그 아이는 외국에서 살아본 적도 없다고 한다. 또 이 아이가 영어를 잘하는 편이기는 하지만, 그 반 아이들 대부분이 이렇게 할 수 있단다. 게다가 이 아이는 그 단어를 외운 게 아니라고 했다. 처음 듣는 단어라도 똑같이 그 단어 안에 있는 소리를 쪼개어 말할 수 있다고 했다. 심지어 아이들은 그렇게 소리를 쪼갠 단어들을 쓸 수도 있단다.

'우아! 이건 혁명이다. 아이들이 음가를 인지하고 분별할 수 있다면 이제 더는 단어를 암기하지 않아도 되는구나!'

나는 전율로 온몸에 소름이 돋았다. 정말 사막 한가운데에서 오아시스를 만난 거 같았다.

'음가가 정확하게 무엇이지?'

'아이들에게 음가를 어떻게 가르쳐야 할까?'

또다시 많은 질문이 떠올랐다. 그 질문의 꼬리에 꼬리를 물고 가다 보니, 더욱더 궁금한 것들이 많아졌다. 그런데 분명한 것은 선뜻 다가가지 못하고 바라보던 그 어려운 퍼즐의 조각들이 이제 눈에 선하게 들어온다는 것이다. 나는 그 퍼즐들을 하나둘 제자리를 찾아 맞추어 보기로 했다. 조기 영어 교육의 열쇠를 찾을 수 있을 것 같은 희망으로 마음이 부풀어 올랐다.

알파벳 이름 말고,
음가와 함께 ──

분명 우리는 알파벳 이름을 다 외웠는데, 영어로 된 글들을 잘못 읽는다. cat은 알파벳으로 '씨에이티'인데 '캣'으로 읽으라고 한다. 그래서 알파벳의 발음기호를 외운다. [a] [e] [i] [o] [u] [ʌ] [ɛ] [æ]……. 분명히 알파벳으로 적혀있는데, 발음기호를 따로 외워서 해독해야 읽을 수 있다.

그런데 내가 컨퍼런스에서 본 아이는 글자가 없는데 한 단어 안에 들어있는 음가를 다 분석할 수 있었다.

'아! 그럼 알파벳 이름은 아이들이 영어를 읽는 데 별로 도움이 되지 않는구나.'

알파벳 이름이 먼저가 아니라면 무엇부터 접근해야 할까?

바로 '소리!'

아이들은 언어의 소리를 듣고, 식별하고, 조작할 수 있는 능력을 갖추어야 한다. 영어를 모국어로 하는 나라에서는 유치원에서 2학년까지 조기 독해와 철자 기술에 중점을 두고 학습 지도를 한다. 이렇게 영어를 모국어로 하는 나라에서도 2학년까지는 음운 인지에 많은 시간을 쏟는다.

자, 그럼 영어가 외국어인 우리나라에서는 어떠할까? 음운 인지 훈련을 더욱더 강화해야 하지 않을까? 하지만 현실은 이 과정이 완전히 생략되어 있다.

물론, 영어가 모국어인 환경을 가진 나라의 영어 습득 방법을 우리나라에 똑같이 적용할 수는 없는 노릇이다. 그러나 미국 공교육을 실시하는 초등학교의 교실을 자세히 살펴보면 이야기가 달라진다. 그 교실 문을 열어보면 반 이상이 영어를 제2외국어 내지 외국어인 아이들로 이루어져 있다. 미국은 우리와 비슷한 조건을 가진 아이들을 위한 매우 체계적인 음운 인지(Phonological awareness) 교육 시스템을 잘 갖추고 있다. 바로 그 음운 인지 교육 시스템을 우리 아이들에게도 적용하면 효과적일 것이라는 거다.

더불어 이 시스템은 외국인 아이들뿐만 아니라, 글을 읽는 데 어려움을 겪는 아이들에게도 긍정적인 영향을 미친다고 한다. 오하이오(Ohio)주의 문맹 코치인 데비 하트위그(Debbie Hartwig)가 2년간의 연구 끝에 다음과 같은 사실을 밝혀냈다. 학생이 몰입하여 읽는 법을 배우지만, 대부분 아이에게는 효과가 없다는 걸 말이다. 오히려 학생들이 단어를 올바르게 읽기 위해서는 소리와 글자 연결을 배우기 위한 명확한 지시가 필요하다고 한다. 2020년 2월 26일 〈리포지토리(The Repository)〉 신문에 실렸던, 켈리 위어(Kelli Weir)의 '스타크 카운티에서 가르치는 방법을 변화시키는 과학적인 독서(Science of reading changing how it is taught in Stark County)'에서 이야기한 내용이다.

이렇듯 알파벳이라는 글자보다는 먼저 음가를 체계적으로 가르치면 어떤 환경에 놓인 아이들이라도 읽기를 잘할 수 있다. 엄마들도 오늘부터는 아이들에게 알파벳 이름 말고, 과학적인 음가를 알려주기를!

소리를 붙였다 뗐다, 붙였다 뗐다 ——

부산의 조기 영어교육 컨퍼런스에서 받았던 신선한 충격의 여운이 쉽사리 가시지 않았다. 풀리지 않던 문제의 실마리를 찾은 기쁨에 허둥지둥, 나의 마음은 바빠졌다. 그리고 결심했다.

'우리 라임 아이들도 그 아이처럼 소리 천재로 만들어주어야지! 난 할 수 있어!'

그날부터 아이들에게 음가를 가르치는 데 총력을 기울였다. 여기저기 찾아보니 노래로 만들어진 교육 자료들이 있었다. 아이들도 부담 없이 그 노래를 잘 따라 불렀다.

'우아! 내가 어릴 땐 알파벳 이름만 알았는데, 아이들은 음가를 이렇게 쉽사리 습득하다니!'

모든 과정이 나에게는 정말 신기하기만 했다. 하지만 알파벳을 아직 모르는 아이들에게 음가를 어떻게 접근시켜야 하는지 문제였다.

'아이들은 문자보다는 그림에 흥미를 훨씬 더 가지지! 그럼 그림으로 제시하고 소리를 매치해 보는 건 어떨까?'

이런 조건에 딱 맞는 프로그램을 찾았다. 물론 우리나라에서 찾지는 못했다. 영어가 모국어인 나라에선 다양한 프로그램들이 존재했다. 나는 그중에서 역사가 오래되고 가장 흥미로운 프로그램을 찾아내고야 말았다. 그 프로그램에는 알파벳 대신 캐릭터들이 등장했다.

각각의 캐릭터가 본인의 소리를 가지고 있으니 아이들이 정말 좋아할 수밖에 없었다. 우리가 어렸을 때는 '뽀로로'가, 지금 시대에는 '펭수'가 있다! 아이들의 캐릭터 사랑은 식을 줄을 모른다. 이점을 잘 활용하면 아이들이 더욱더 쉽고 즐겁게 배울 수 있지 않을까?

내가 찾은 프로그램이 딱 그러했다. 재미있는 캐릭터 중 하나를 소개해 보겠다.

'Firefighter Fred'라는 캐릭터는 직업이 소방관이다. 항상 불을 끄기 위해 물을 뿌리면서 /f/ 소리를 낸다. 우리나라 발음에 없는 소리를 /ㅍ/로 발음해서는 절대로 물을 뿌리는 소리를 낼 수 없다.

이 캐릭터가 좋아하는 숫자는 무엇일까? four와 five이다.

이유는 매우 간단하다. 자기가 내는 소리인 /f/로 시작하기 때문이다.

자, 그럼 이 캐릭터가 좋아하는 동물 친구들은 누가 있을까? 아이들과 함께 찾아보자.

"monkey, Does it begin with /f/?(멍끼, /f/소리로 시작하니?)"라고 물어보면 아이들은 "No!"라고 대답한다. 그럼 monkey는 Firefighter Fred가 좋아하는 동물 친구가 아니다. 얼마나 흥미로운가! 아이들이 이 캐릭터들에 푹 빠지기 시작했다.

아이들은 소리의 천재!

아이들이 캐릭터에 푹 빠지다보니 어느새 26개 캐릭터의 소리를 다 함께 즐기면서 습득했다. 나는 작은 언덕을 하나 넘은 듯한 안도감이 들었다. 이제 아이들이 파닉스 법칙에 해당하는 단어들은 쉽사리 읽어낼 수 있으리라 믿었다. 이건 나의 큰 욕심이었던 것일까?

각각의 음가는 알지만, 이 음가들을 붙여서 단어를 읽는 건 또 다른 문제였다.

'왜 아이들이 음가를 붙여서 읽지 못하는 걸까?'

나는 또 다른 고민에 빠졌다. 정말 산 너머 또 산이었다. 아무리 주위를 둘러보아도 이 문제에 답을 줄 수 있는 이가 없었다. 물론 부산에도 조기 영어 교육(Early Literacy)을 연구하고 수업하는 분들이 있었지만, 개인적으로 연락할 수는 없었다. 늘 그러했듯이 나는 또 해결책을 찾기 시작했다. 특히 미국과 영국의 조기 영어교육 관련 교육 프로그램을 열심히 탐색했다.

그러던 중, 수많은 인터넷 사이트에서 아주 흥미로운 활동을 찾아냈다. 무엇인지 궁금하지 않은가? 대부분 영어 단어를 그냥 읽는 게 아니라 개별 음가를 먼저 소리 내어 준 다음, 그 음가들을 한 번에 쫙 붙여서 읽어주었다.

'아, 이거였구나! 아이들이 모든 단어를 이렇게 접할 수 있도록 해야겠네!'

딱히 어려운 수업을 하는 게 아니라, 아이들을 언제든지 이런 환경에 노출되도록 하는 게 중요했다. 일단 아이들의 이름부터 소리 혼합(sound blending)을 해주었다. 아이들은 자기 이름으로 소리를 붙여주니 귀를 쫑긋한 채 집중했다. 이런 식으로 아이들은 알아차리지는 못하지만, 스스로 소리를 섞는 힘이 길러졌다.

색깔이나 동물 단어를 배울 때도, 책을 읽어 줄 때도 많은 단어를 혼합해 보자. 정말 일주일만 하더라도 아이들은 기가 막히게 잘한다!

자연스럽게
분리를! ——

　　　　아이들은 어떤 소리를 들려주어도 찰떡처럼 짝하고 붙어주었다. 아이들은 영어가 어렵다는 생각을 하지 않았다. 모르는 단어가 나오더라도 선생님이 불러주는 소리를 붙이거나, 배운 음가를 우선 하나씩 읽고 붙이면 읽을 수 있었다.

　6살 아이가 가족과 함께 외식을 하러 나갔다. 아이의 아버지는 식사 중에 시원한 맥주 한 병을 주문했다. 그 맥주병을 물끄러미 바라보던 아이가 이렇게 말했다.

　"/m//a//ks/, max(음, 에, 크스, 맥스) 아빠, 이 맥주 이름이 max지?"

　그 아이의 가족뿐만 아니라 옆 테이블에 있던 손님들도 모두 깜짝 놀랐다. 이 아이는 라임을 다니면서 나와 함께 소리를 즐겁게 붙이면서 놀던 아이였다. 이 일화는 나에게 상담을 오시는 분들에게 들려드리곤 한다. 이렇듯 한글을 깨치듯이, 영어도 자연스럽게 읽고 싶어지는 현상이 일어나는 것이다.

　아이들은 이런 과정을 거치면서 단어는 하나의 소리 덩어리가 아니라, 작은 음가들이 모여서 이루어진다는 것을 알아차린다. 그러면서 단어를 들으면 거꾸로 그 안에 있는 소리가 무엇인지를 끌어낸다.

'드디어 컨퍼런스에서 보았던 그 아이처럼 우리 아이들이 해내는구나!'

나는 속으로 감탄했다. 이 또한 아이들이 처음부터 잘하지는 못했지만, 교사인 내가 단어들을 칠판에 철자를 쓰기 전에 소리를 분리하는 과정을 그대로 자주 보여주었던 덕분이었다. 이내 아이들도 본인이 쓸 수 있거나, 자석 글자로 해당 음소를 찾아내 단어를 조합할 수 있었다.

역시 아이들은 소리의 천재였다!

내가 가보지 못한 길이라고 아이들도 하기 힘들 거라고 생각한 건 크나큰 오해였다. 우리 아이들도 드디어 처음 보는 단어를 스스로 읽을 뿐만 아니라, 처음 듣는 단어를 쓸 수 있었다! 내가 완성하고 싶었던 그 퍼즐의 조각들이 조금씩 제자리를 찾아갔다.

내가 이젠
소리 마술사! ──

    모 방송국의 영재를 찾아내는 프로그램에서 흔히 보이는 장면이 있다. 6살짜리 어린아이가 한글과 영어를 가리지 않고 자유자재로 말하고, 고사리손으로 알파벳 문자들을 조합해서 단어들을 만든다. 그리고 이 모습을 그 부모님이 흐뭇한 표정으로 바라본다. 나도 이런 텔레비전 프로그램을 볼 때마다 '그래, 영재는 원래 타고 나는 거야'라고 생각한다. 굳이 우리 아이와 비교하지 않는다. 하지만 영어에서는 영재가 아니더라도 모든 아이가 소리 마술사다. 우리 아이들도 이렇게 접근하면 영재만큼 충분히 알파벳 문자들을 조합할 수 있다.

    우리 라임에서는 한번 라임 아이가 되면 대부분 엄청나게 오래

다닌다. 그래서 아이가 자라는 모습을 다 지켜볼 수 있어 너무 좋다. 6살 때부터 라임에 다녀서 이제는 6학년이 된 선주라는 아이의 어린 시절 이야기가 생각난다. 선주 어머님뿐만 아니라, 선주와도 가끔 이 이야기를 곧잘 나누곤 한다.

선주가 6살 무렵, 부쩍 알파벳에 관심이 생겼을 때 일이다. 선주의 엄마는 어느 날, 대형마트에서 구매한 자석 알파벳을 냉장고 문에 붙여 놓았다고 한다. 아이가 주방을 왔다 갔다 하다가 알록달록한 알파벳에 관심을 보이기 시작한다. 뭔가를 해보고 싶은 눈치다. 선주는 주물럭주물럭 알파벳을 만지다가 이내 소리를 내어 본다.

"/s//u//n/ sun.(스 어 은, 선)"

자기 이름의 첫 번째 음절을 만들었다. 그다음 "/z//oo/ zoo(즈 우, 주)" 두 번째 음절을 완성했다. 알파벳으로 한글 이름 '선주'를 완성한 것이다.

자기 아이가 한글 이름을 알파벳으로 만드는 모습을 바라보는 부모님은 너무나 신기하기만 하다. 물론 한글 음가와 영어 음가를 일대일로 대응할 수는 없다. 소리 체계가 많이 다르기 때문이다. 그래도 아직 한글을 떼지 못한 아이가 영어로 자기 이름을 만드는 건 정말로 놀랄 일이다. 이 상황으로 보면 아직 선주는 한글과 영어의 경계선을 그어 놓지 않은 듯했다. 그러니 더욱 소리에 집중을 잘하는 것이었다.

소리를 즐기는 아이들은 정말 한글을 떼듯이 영어도 자연스럽게 뗄 수가 있다. 선주뿐만 아니라, 라임을 다니는 다른 친구들도 이런 현상을 나타낸다. 문자의 기호만 다를 뿐이지, 소리를 붙이고 떼어내는 것은 같지 않은가?

더불어 본인 스스로 단어를 만든다는 것이 아이에게 어마어마한 즐거움을 준다. 자석 알파벳을 가지고 놀던 선주는 frog 단어에서 'r'을 뚝 떼어낸다. 그리고는 혼자 중얼거린다.

"어, fog가 되었네(안개가 되었네)."

그러더니 구름 위에 앉아있는 개구리를 그린다. 이렇게 선주는 소리의 마술사가 되었다.

"사라져라, 얍! 덧붙여라, 얍!" ─

선주는 자석 알파벳으로 단어 만들기 놀이에 푹 빠졌다. 뜻이 없는 단어면 또 어떠한가! 새로운 단어를 만들 수 있는 창의적인 사람이 되는 거다. 마술사처럼 단어에 새로운 소리를 붙여보기도 하고, 사라지게 하기도 하고 말이다. 마술사는 본인의 실력을 마음껏 다른 사람에게 보여주고 싶어 하지 않는가?

소리 마술사인 선주는 자기 영어 실력을 알리고 싶어졌나 보다.

유치원에서 받아온 영어책을 직접 가방에서 꺼내 와서 큰소리로 읽어본다. 그때 아이가 하는 걸 슬쩍 엿본 부모님의 얼굴에 환한 미소가 한가득이다. 선주의 기분도 최고다. 우쭐한 어깨가 한껏 더 올라간다.

때로는 스스로 만들어 낸 단어가 의미가 없더라도 아이는 부모님에게 읽어 볼 수 있냐며 물어보기도 한다. 자기가 스스로 만들어 냈다는 뿌듯함을 과시해 보고 싶은 것이다. 선주는 비단 집에서뿐만 아니라, 유치원에서도 영어 시간에 손을 번쩍 들고 발표하는 일이 잦아졌다.

"선주야, 이건 아직 안 배운 단어인데 어떻게 알고 읽는 거니?"

유치원 선생님은 신기해하며 물어보셨다고 한다.

이 마술에 관해 설명할 수 없는 선주는 그저 "그냥요"라고 대답했다.

이 일이 있고 나서 며칠 후에 또 비슷한 상황이 라임에서도 일어났다.

"Brian, 네 이름에서 B를 빼면 rian이네. rian은 우리반 Ryan과 소리가 같아!"

"Ryan, 브라이언 이름에 너의 이름 라이언이 들어있네."

선주가 말했다. Brian과 Ryan도 역시 우리 라임 아이들인데, 라임에서는 영어 이름을 즐겨 사용한다. 선주의 이 말에 두 녀석이 대답한다.

"어, 그러네. 우리 둘이 이름이 아주 비슷하네."

이렇듯 아이들이 영어에 흥미를 느끼며 더 깊이 알고자 하는 호기심이 발동한다.

"그럼 너의 이름 Ciena(씨에나)에서 무슨 소리를 빼 볼까?"

다른 녀석이 선주에게 또 말한다.

"음, /e/를 빼면 Cina(씨나)."

"/a/를 빼면 Cien(씨엔)."

"소리 하나만 뺏을 뿐인데, 완전히 다른 이름이 되네!"

아이들은 서로 신기해하며 까르륵 웃어댄다. 주거니 받거니 소리로 놀고 있는 아이들의 모습을 상상할 수 있겠는가? 이런 놀이는 집에서도 충분히 가능하다. 내 주위에 있는 모든 사물을 대상으로 소리를 붙였다 뗐다, 즐겁게 놀아보자.

지금 독자들은 책을 읽고 있으니 'book'으로 이 '소리 놀이'를 해보는 건 어떨까?

"book에서 k를 빼면 boo가 되는구나."

"그럼 이번에는 b 뒤에 r을 넣어 보면 brook가 되네!"

이렇게 우리도 소리를 즐기면서 아이와 함께 해보는 거다.

"이번엔 네 차례야!" ──

아이들끼리 또 새로운 단어 만들기에 푹 빠졌다. 옹기종기 모여 앉아서 단어 만들기 놀이를 하고 있다.

"Ciena, 이번엔 네 차례야. 아무리 어렵게 만들어도 우리는 읽어낼 수 있어!"

"알았어, 기대해봐!"

라임 아이들은 키득키득하며 단어 만들기 놀이를 신나게 하고 있다. 아이들에게 26개의 알파벳을 모두 제공하면 선택하기 어려울 수 있으니, 그 시기에 배우고 있거나 이미 배웠던 알파벳만을 주는 것도 큰 효과가 있을 것이다. 특히 아이들이 가장 혼동하는 모음은 하나 또는 둘만 있도록 해보자. 그러면 아이들이 자신감 있게 단어 만들기에 집중할 수 있다.

"자, 읽어봐 친구들, brown!"

민준이가 아이들에게 말했다.

"브라운."

아이들이 읽었다.

"그럼 이번에는 단어의 제일 첫 번째 알파벳 하나만 바꾸어서 다른 단어를 만들어봐!"

좀 더 어려운 단계의 단어 놀이가 시작된다. 아이들은 'b' 대신에

넣을 알파벳을 찾기 시작한다.

"c로 바꾸면 crown이 되네."

시우가 대답한다.

"g로 바꾸면 grown도 돼."

문성이도 신이 나서 대답한다. 자기도 빨리 단어를 만들고 싶어진 선주도 다급히 서두른다.

"f로 바꾸면 frown."

나는 이런 아이들을 바라만 보고 있는 것만으로도 참 행복하다. 아이들이 다른 나라 언어의 소리를 가지고 즐겁게 놀이하는 모습이 얼마나 대견한가? 아이들이 소리를 능숙하게 다룬다는 것은 일반적인 언어뿐만 아니라, 읽고 쓰는 능력이 좋아지는 것과 밀접한 연관성이 있다. 물론 짧은 기간 동안 잘 해낼 수는 없다. 인내심을 가지고 아이가 할 수 있을 때까지 함께 연습해 나가야 한다.

일정한 연습을 함께한 아이들은 대부분 매우 성공적인 결과를 얻었다. 나는 교육 현장에서 이런 모습들을 무수히 많이 보아왔다. 우리 아이들이 계속 해온 그 과정과 결과를 본 나로서는 소리에 대한 중요성을 더욱더 절실하게 체감한다.

이제 다른 엄마들도 함께 우리 아이들을 소리 마술사로 만들어 보기를 바란다.

‘생각 부자’
아이들과 함께!

책을 읽으면서
생각의 숲을 거닐어 보자.
책과 책 사이로 이어진 길을 걸어보자~!

ABCDE
FGHIJK
LMNOP
QRSTU
VWXYZ

Part 5
영어 독서, 나만 믿고 따라와!

어떤 책을
선택해야 할까? ──

엄마들은 보통 어릴 때는 아이가 흥미를 느끼는 책을 찾아 나선다.

"우리 ○○는 남자애라서 그런지 공룡이나 자동차가 나오는 책들을 너무 좋아해요."

"우리 공주님은 공주 나오는 책만 좋아해요."

아이들이 선호도가 뚜렷하니, 오히려 책 선정은 비교적 쉬운 편이다. 서점이나 도서관에 함께 가서 선택하면 되니까 말이다.

대부분 이 시기의 학부모들이 하는 걱정은 이렇다.

"우리 애가 책을 너무 편식해서 걱정이에요. 과학이나 수학동화도 좋아했으면 좋겠어요."

처음에는 그저 아이가 책을 좋아하기만 바라던 부모님들의 바람이 조금씩 변화하기 시작한다. 나의 경험으로 미루어 보면, 창작 동화책을 엄청나게 좋아하는 우리 아이가 지식을 전달하는 책도 좋아하기를 바랐다. 그 마음으로 수학동화, 과학동화, 세계문화, 한국문화, 역사동화 전집을 사서 책장에 가득 꽂아 놓았다.

하지만 우리 아이는 나의 의도와는 반대로 이렇게 말했다.

"엄마, 이런 책 말고 도깨비 나오는 동화책을 더 읽어주세요."

내 욕심이었던가? 그래도 포기하지 않고, 나는 아이와 거래를 해본다.

"이 과학 동화책 한 권 읽고 나서 창작 동화책 5권 읽자!"

이런 나의 노력으로 책장에 꽂힌 책들은 모두 한 번씩 읽었다. 스스로 책을 읽는 시기가 다가왔을 때, 아이는 자발적으로는 그 책들을 다시 보지 않았다.

내 고등학교 동창생의 아이 중 한 명이 곤충을 얼마나 사랑하는지 모른다. 말도 늦고, 행동도 느리던 그 아이. 정작 엄마와 아빠는 걱정이 별로 없는데, 주위 사람들이 너무 걱정을 많이 했다. 그래도 그 아이는 유난스럽게 곤충백과사전을 손에서 놓지 않았다. 창작 동화를 좋아하는 우리 아이와 견줄 바가 아니었다. 사실 그 아이의 아빠가 자연생물을 연구하는 사람이었다. 그러니 아이의 곤충 사랑이 더욱 컸던 셈이다.

주위의 우려와는 다르게 그 아이는 그 백과사전으로 한글을 떼었다. 오히려 곤충의 영어 이름에 노출되면서 자연스럽게 영어를 습득했다. 또 주위의 걱정과는 달리 학교에 들어가서도 공부를 곧잘 했다.

아이의 독서에 관해 나뿐만 아니라 많은 엄마가 겪는 오류이다. 다양한 영역의 책을 읽고 지식을 많이 쌓는 게 막연히 좋다는 생각 말이다. 아이가 스스로 좋아하는 분야의 책을 깊이 들여다보다 보면 오히려 나중에 다른 분야도 다양하게 들여다볼 힘이 생기는 법이다. 그러니 지금 우리 아이가 책 편식을 하더라도 충분히 그걸 즐길 수 있도록 해보자.

선행 학습은 정말 좋은 걸까?

아이가 초등학교에 들어가기 전에는 처음 부모가 되어 아이를 학교에 보내는 일은 참으로 복잡 미묘한 감정을 불러 일으킨다. 설레기보다는 오히려 걱정이 앞선다. 내 눈에는 아직도 너무나 아기 같은 우리 아이가 학교생활을 과연 잘할 수 있을까? 이런 염려부터 여러 상념이 흘러간다. 이왕이면 학교에서 똑 부러지고 똑똑한 아이로 담임선생님의 사랑을 많이 받았으면 싶은 소망도 생긴다.

'아, 담임선생님이 우리 아이를 예뻐했으면 좋겠어!'

이렇게 선생님들의 사랑과 관심을 받는 아이가 되도록 키우려면 어떻게 해야 할까. 이런저런 생각 끝에 준비된 아이로 키워야 한다는 결심을 한다. 그런데 막상 그런 아이로 키우려고 보니까 보내야할 학원, 시켜야 할 학습지 그리고 읽어야 할 책들이 너무 많다. 어쩐지 마음이 다급해진다.

"○○ 엄마, 우리 아이 연산을 좀 시키려고 하는데 무슨 학습지가 좋아?"

다른 엄마에게 학습지 정보도 얻어 본다.

"연산만 시키면 안 돼요. 사고력 수학도 함께 해야지."

돌아오는 대답은 이제 막 아이를 초등학교에 보내야 할 초보 엄마의 마음을 더 무겁게 한다. 알고 봤더니, 초등학교 교과과정을 대비하기 위한 책들 그리고 관련된 수업들이 너무도 많다. 이때부터 책의 선택은 교과과정을 반영하게 된다.

그렇지만 정작 책을 선택하는 아이들의 의견은 크게 반영되지 않는다. 아이들 스스로 선택하는 독서가 아니라, 교과과정을 선행하기 위한 독서가 대부분이 된다. 그래서 아이들에게 독서는 흥미를 유발하지 못한다. 그 대안으로 WHY 시리즈, 마법 천자문, WHO 시리즈들이 사랑을 받았다. 우리 아이를 데리고 한참 도서관을 다닐 때도 아이들에게 가장 인기 있는 책은 학습만화책이었다.

나는 그 당시 딸에게 과학에 관한 관심을 높여주기 위해 어린이 과학 잡지를 구독했다. 그런데 의외로 딸아이가 그 책을 기다리는 게 아닌가!

'앗, 나의 작전이 성공했어!'

나는 그 순간 쾌재를 불렀다. 그리고 어느 날인가엔 과학 잡지를 보는 딸을 유심히 관찰해보았다. 페이지를 넘기는 속도가 너무 빨랐다. 정독까지는 아니더라도 관심 있는 기사를 읽어주기를 바랐다. 그러나 알고 봤더니 내 딸아이는 그 과학 잡지에 군데군데 들어가 있는 만화를 보고 있었다! 그러고는 끝이었다. 소위 본인의 목적을 달성한 뒤에는 그 책을 다시는 건드리지 않았다. 다행히 라임에는 과학에 관심을 가지는 아이들이 있었기에, 그 과학 잡지는 잘 활용되었지만 말이다.

시간이 흘러 아이의 흥미를 끄는 분야가 생겼다. 바로 추리소설 장르였다. 특히 셜록홈즈 시리즈! 이 분야에 관련된 책을 딸과 함께 찾고, 구매하는 과정이 너무도 즐거웠다. 그렇게 샀던 책은 당연히 아이가 집중해서 읽었다.

선행학습보다 더 중요한 건 아이가 스스로 읽고 싶은 책이 생기는 게 아닐까? 그런 분야의 책들을 엄마와 함께 찾아 읽는 것도 소중한 추억이 될 것이다.

생각보다 쉬운
영어책 선택하기 ──

　　　　　외국어 능력은 절대로 모국어 능력을 뛰어넘을 수 없다. 그 말인즉슨 외국어를 잘하고 싶다면 모국어를 잘해야 한다는 것이다. 영어책을 즐기는 아이가 되려면 어떻게 해야 할까? 그건 바로 한글책을 즐겁고 깊이 있게 읽는 아이여야 한다는 것이다.

　라임에서 독서 프로그램을 함께 녹여내고 있다. 이 프로그램을 통해 아이들의 독서 습관과 흥미도를 측정할 수 있다. 도전적인 수준의 영어책을 받더라도 포기하지 않고 해내고야 마는 아이들. 그들 대부분이 한글책 독서량도 상당하다. 하지만 조금이라도 어려운 수준의 책을 받으면 힘들어하는 아이들도 있다. 이들 대부분이 한글책을 즐겨 읽지 않는다.

　분명히 라임 아이들은 수업시간에 배운 전략들은 잘 이해하고 좋은 결과를 비슷하게 보여줬다. 그러나 라임 아이 중 제임스 같은 아이는 영어 읽기 프로그램을 잘 소화하지 못하고 고군분투를 했다. 유심히 관찰한 결과, 제임스는 평소의 한글 독서량이 많이 부족했다.

　영어책과 한글책 사이의 독서량에 관한 이 연관성은 상당히 깊다. 그리하여 영어책을 읽기 힘들어하는 아이들에겐 되도록 한글책 읽기를 많이 독려한다. 특히 방학 동안은 집에 있는 한글책을 읽는 미션을 주기도 한다. 물론 이런 단편적인 이벤트로 아이들의 독서 습관이 쉽게 바뀌지는 않는다. 하지만 긍정적인 효과는 나타난다.

일단 독서 자체를 즐기는 아이들의 영어책 선택은 상당히 쉬워진다. 본인이 좋아하는 주제에 맞는 책을 선정하면 되는 것이다. 이왕이면 논픽션(non-fiction)보다는 쉘 실버스타인(Shel Silverstein)의 『The giving tree(아낌없이 주는 나무)』 같은 픽션(fiction)을 권장한다. 논픽션의 경우, 정보 전달의 글이므로 언어적 경험을 하기엔 부족하다.

하지만 픽션은 언어적 경험을 풍부하게 할 수 있다. 다양한 주제, 문체, 구조, 문화 등을 풍부하게 경험할 수 있다. 그리고 주인공들이 펼쳐내는 다양한 이야기들이 책에 흥미를 느낄 수 있도록 하는 강력한 무기가 된다. 물론 정보를 수집하기 좋아하는 아이들에겐 마리 슈(Mari Schuh)의 『Apples grow on a tree(사과는 나무에서 자란다)』와 같은 논픽션도 충분히 좋은 글 읽기 재료가 될 수 있다. 물론, 읽기 전에 영어 단어를 미리 공부하면 손쉽게 읽을 수 있다.

우선, 우리 아이가 좋아하는 한글책이 무엇인지 알아보자.

생각의 크기를
키워주는
'큰소리로 읽어주기' ─────

'흥 많은 괴짜 어린이 사서'인 짐 브로지나(Jim Brozina)와 그의 딸 앨리스 오즈마(Alice Ozma)는 매일 함께 읽을 것을 맹세했다. 그들은 오즈마가 9살 때부터 18살 때 대학에 들어갈 때까지 이 약속을 지켰다. 브로지나(Brozina)는 '독서 약속(The Reading Promise)' 서문에 다음과 같은 글을 남겼다.

"충실하게, 강박적으로도, 그들은 9년 동안 매일 밤 10분 이상 함께 읽었다. 오즈마가 친구의 집에서 하룻밤을 자고 올 때면, 그녀의 아버지는 전화를 걸어서라도 함께 읽었다."

〈워싱턴 포스트(The Washington Post)〉 2011년 6월 17일, 리브 린드버그(Reeve Lindbergh)가 게재한 〈서평 : 아버지와 딸의 유

대 관계에 관한 앨리스 오즈마의 '독서 약속(Book review: Alice Ozma's 'The Reading Promise,' about a father-daughter bond)'의 한 부분이다.

이 부녀는 장장 3,218일간의 독서 마라톤을 진행했다. 그들은 책마다 낯선 인물들이 사는 새로운 풍경 속으로 풍덩 뛰어들면서 함께 즐거움을 만끽하는 것이다.

"여기 마법의 동굴에는 무엇이 있을까?"

"음, 종이 먹는 괴물? 코딱지 먹는 원숭이?"

책 읽어주기를 통해 아이들은 부모에게서 닮고 싶은 부분을 발견한다. 그러면서 아이는 그런 부모를 모방하며 만족스러워한다. "엄마는 빨강 망토처럼 할머니 말을 안 들은 적이 있어요?"라고 딸 아이가 물어본다.

"응, 안 들었다가 된통 힘들었던 적이 있지. 하지만 좋은 경험이 되었어."

비록 빨강 망토가 허구의 이야기이기는 하지만, 나름의 방식대로 세상을 알려주고 있다.

이런 대화의 과정을 통해서 나의 부모는 어떻게 세상을 살아가는지를 아이들은 파악할 수 있고 모방해가는 것이다.

책 읽어주기처럼 아이와 부모 사이의 연결고리를 만들기에 이처럼 강력한 무기는 없다.

굳이 소리를 내어
읽어야 하나? ───

"선생님, 오늘은 무슨 책을 읽어주실 거예요?"

아직 글을 읽지 못하는 아이들에게 큰소리로 책을 소리 내어 읽어주기는 언어발달로 이어지는 가장 중요한 활동이다. 무엇보다도, 큰 소리로 읽는 것은 아이들에게 단어에 대한 인식을 심어준다. 그리고 이것은 독서의 성공에 대한 강력한 예측 요인이 된다. 이 경험을 통하여 아이들은 많은 단어에 노출된다. 강력한 연결고리가 있는 단어들을 습득할 수 있는 멋진 경험이 되는 것이다.

루시 커즌스(Lucy Cousins)의 『Hooray for fish!』에서도 너무나도 다양하게 물고기를 꾸며주는 단어가 등장한다. 색깔별로 red, blue, yellow(빨강, 파랑, 노랑), 패턴별로 spotty, stripy(땡땡이, 줄무니), 감정별로 happy, grumpy(행복한, 우울한), 라임별로 eye, shy, sky, fly(아이, 쉬아이, 스카이, 플라이), 이렇게 재미있는 책 한 권과 연결된 많은 단어에 노출될 좋은 기회인 것이다.

"선생님, grumpy라는 단어, 예전에 읽었던 『Hooray for fish!』에 나왔던 단어예요."

아이들이 이런 반응을 보여주는데, 어떻게 책을 안 읽어주겠는가?

책을 읽을 수 있는 아이들에게도 '큰소리로 읽어주기(Read aloud)'

는 매우 중요하다. 부모님 또는 선생님이 책을 읽어주는 동안 아이들은 긴장을 풀어 느슨한 상태가 된다. 그 상태에서 잘 꾸며진 이야기에 기뻐하고 영감도 얻는다. 한마디로 학습을 위한 틀에 넣고 아이들의 능력을 파악하기 위한 과정이 아니라, 편안한 자세로 즐기게끔 할 수 있는 것이다.

이와 더불어 아이 혼자서는 새롭고 조금은 어려운 분야의 독서를 꺼리는 상황이라면 좋은 기회가 된다. 교실에서 선생님이 큰소리로 읽어주다가 까다로운 용어를 만나면 일시 중지를 하고 아이가 이해할 수 있도록 설명해주면 된다. 책을 읽다가 추상적인 단어인 'lumpy'라는 단어가 등장했다면? 우선 단어 형태에 대해 함께 파악해본다. 아이들은 아마도 아주 쉽게 lump와 y의 형태를 파악해 낸다.

그다음 선생님이 의미를 파악하는 데 도움을 준다. "lump는 덩어리라는 의미야. 이 단어에 y를 붙이니 꾸며주는 말이 되었네. 그러면 '덩어리가 많은'이란 뜻이 되는구나"라고 설명을 해준다. 그런다음 "lumpy porridge(덩어리진 죽)를 먹어 본 적 있니?" 이렇게 설명과 더불어 연결고리를 만들거나, 다른 아이디어와 연결해 주면 더욱더 좋다. 그러면서 흥미로운 텍스트를 경험할 수 있는 폭이 넓어지는 것이다.

결론적으로 아이들이 혼자서 책을 읽는 시간보다는 누군가가 책을 읽어주는 시간을 많이 늘려야 한다는 것이다. 그러면 단어의 폭이 확대되고, 새롭고 도전적인 분야로 이끌기가 쉬워진다.

오늘 우리 아이에게 무슨 책을 읽고 주고 싶은가?

개방형 질문으로 생각 그릇 키우기 ─

라임에서 가장 많이 사용하는 질문들.

> Why do you think so?
> 너는 왜 그렇게 생각하니?

> What happens next?
> 다음엔 어떤 일이 일어날까?

소리 내어 책을 읽어줄 때 아이들과 많은 질문을 주고받는다. 이런 질문들은 아이들이 책에 집중할 수 있도록 한다. 그리고 이 과정을 통해 아이들의 생각 깊이도 어느 정도 가늠해 볼 수 있다.

이런 자동적인 훈련을 통해서 아이들이 책을 읽으면서 많은 질문을 스스로 던지고 답하면서 생각의 깊이를 더해갈 수 있는 것이다.

오히려 아이가 어릴수록 개방형 질문(open-ending question)에 매우 적극적으로 참여를 해준다. 유치부와 초등 저학년을 대상으로 하는 '큰소리로 책 읽어주기(Read aloud)' 시간에는 정말 소란스럽기까지 하다. 던진 질문에 대한 다양한 답을 쏟아 내느라 시끌벅적하다.

때로는 상상하지도 못했던 이야기를 예측할 때도 있고, 때로는 다른 관점들을 보여준다. 아이들의 이런 신선한 상상력에 너무 놀라서 턱이 툭 떨어질 때도 있다.

팻 허친스(Pat Hutchins)의 『Titch(티치)』라는 영어 동화책이 있다. 첫 페이지에는 하얀 바탕에 'Titch was little'이라는 짤막한 한 문장이 나온다. 그 아래에는 노란색 더벅머리를 하고, 파란색 스웨터를 입고, 빨간색 반바지에 같은 색 신발을 신은 티치가 서 있는 모습이 있다. 이 동화의 내용은 아직 어려서 형과 누나가 할 수 있는 것을 못 해서 속상한 꼬마 티치의 이야기다. 첫 페이지에 등장하는 그는 슬픈 표정을 짓는다. 슬픈 표정을 한 티치가 뒷짐을 지고 있는 모습인데, 이 장면을 보는 아이들의 시선은 어른과는 또 사뭇 다르다.

> **Why does he look sad?**
> 왜 그가 슬퍼 보일까?

> **He doesn't have any hands. So he is sad.**
> 그는 손이 없어요. 그래서 슬퍼요.

개방형 질문이라고는 하지만, 정해진 답을 유도할 때도 많다. 하지만 아이들은 선생님 또는 부모님이 보지 못하는 것을 이렇게 보기도 한다. 이 몰랑몰랑한 아이들의 다양한 관점을 끌어내기에 정말 좋은 과정이다.

하지만 고학년으로 올라갈수록 아이들은 급격하게 말수가 줄어든다. 가장 많이 하는 대답은 "그냥요", "잘 몰라요" 등등이다. 아마도 학교 교육을 통해 폐쇄형 질문(closed-ending question)에 익숙해져 있기 때문일 테다. 물론 시대가 바뀌어서 토론 수업도 많이 늘었다고는 하나, 우리나라 교육의 패러다임은 크게 변화하지 않았기 때문이리라.

좀 더 우리 아이들 생각의 크기를 키울 수 있는 질문과 함께 책을 읽어주자.

선생님과 함께
'나누어 읽기'

"the 한번 읽어 볼까?"

겁먹은 눈으로 나를 올려다보며 "t-h-e"

"아니, 이 단어는 쪼개지 말고 한 번에 읽어봐."

아이 눈에서 굵은 눈물방울이 뚝뚝 떨어진다.

내가 조기 영어에 몰입해 있던 시절, 딸아이에게 한글 문자보다는 알파벳에 대한 노출을 훨씬 더 많이 시켰다. 딸아이는 6세가 될 무렵 영어 음가 인지 및 합성을 해서 글을 읽어내기 시작했다. 물론 해독 능력이 뛰어난 편이 아니어서 파닉스 법칙대로 되지 않는 단어들은 쉽사리 시각화하여 읽지는 못했다. shrimp와 같은 단어들은 소리를 쪼갠 다음 붙여서 잘 읽었지만, the와 같은 단어는 몇백

번을 보아도 잘 읽지를 못했다. 뒤돌아보면 단순히 소리와 문자를 연결하는 속도가 조금 느릴 뿐이었다. 그러나 그즈음 나는 그런 딸을 바라보는 게 답답하기만 했다.

뭔가 다른 해결책이 없나 해서 주위를 둘러보니, 또래 아이들이 한글 방문 수업을 받는 게 아닌가! 살짝 다급해진 나는 급히 수소문하여 한글 선생님을 집으로 모셨다. 아이는 집으로 선생님이 오는 걸 너무도 좋아했다. 몇 달 지나지 않아 아이가 한글로 된 단어들을 막 읽는 게 아닌가!

"역시 잘한다, 내 딸!"

영어를 먼저 배우게 해서 한글을 잘 못하는 게 아닌가, 하는 나의 걱정은 한 방에 날아가 버렸다. 이 착각도 잠시, 이제 한글 단어를 읽어내니 짧은 책 읽기를 시도했다. 그러나 아이가 거의 읽지 못하는 게 아닌가! 뭐지? 한글 카드에 있던 '사과'는 읽었는데, 책에 있는 '사과'는 못 읽는 게 아닌가.

문제가 무엇인지를 파악하기 위해 한글 수업시간에 사용했던 교재들을 둘러보았다. 그림과 함께 단어가 적혀진 카드가 대부분이었고, 스티커 붙이기 놀이가 많았다. 문자를 해독해서 읽은 것이 아니라, 그림을 보고 소리 덩어리로 외운 것이었다. 한마디로 스스로 문자를 해독하지 못하는 것이었다.

'아! 무조건 아이들이 소리를 듣고 따라만 하는 것은 큰 효과가

없구나.'

나는 이런 큰 깨달음을 얻었다. 그동안 나는 깊은 착각의 늪에 빠져 있었던 셈이다.

돌림노래 말고
파트를 나눠!　──

빌 마틴 주니어(Bill Martin Jr.)의 『Brown Bear, Brown Bear, What do you see?(갈색 곰아, 갈색 곰아, 무엇이 보이니?)』는 줄줄 외우는 아이들을 만날 때가 있다. 이런 경우 아이들이 글을 읽기보다는 노래로 외운 상태일 확률이 매우 높다. 책을 펼치면 해당하는 문장을 아주 잘 읽는다. 하지만 한 단어를 짚어서 물어보면 읽지 못하는 경우가 허다하다.

차마 학부모님들에게 "아직 아이가 스스로 글을 읽을 전략이 없네요"라고 직접 말씀드리기가 난감하다. 그래서 에둘러 "저희 라임에서 소리부터 다시 연습하는 게 어떨까요?"라는 제안을 한다.

소리에 대한 효과적인 노출이 필요하다. 책의 내용을 노래로 부르면 표면적으로 접근이 쉬워 보인다. 하지만 정작 아이가 단어들을 해독하는 전략에는 방해가 된다. 아직 읽기 능력이 부족한 아이들에겐 자칫 잘못하면 독이 될 수도 있다. 소리 노출은 너서리 라임

(nursery rhyme) 또는 디즈니 애니메이션이면 충분하다.

"선생님이 읽고 나면 그다음 네가 읽어봐!"

선생님이 먼저 읽고, 아이들은 따라 읽는다. 대부분 어린아이가 외국어로 영어를 배우는 현장에서 볼 수 있는 장면이다. 그래서 정작 아직 독해 능력이 부족한 아이들은 앵무새처럼 소리만 따라 할 확률이 매우 높다. 문자화를 빨리 시키는 아이들이 큰소리로 읽으면 그 소리에 묻혀서 자신감을 조금씩 잃어갈 수도 있다. 그러니 돌림 노래하듯이 하지 말고, 할 수 있는 부분을 나누어서 읽어보자.

합창을 떠올려보자. 소프라노, 테너, 베이스, 알토로 이루어진 합창단이 조화를 이루어 아름다운 소리를 낸다. '나누어 읽기(shared reading)'를 합창이라 생각해보자. 예를 들어, 각운(rhyme)을 배웠다면 책에서 그 단어만 아이들이 읽도록 하자. 그리고 꾸며주는 단어(describing words)를 배웠다면 이 부분만 아이들이 읽도록 하자. 또 시각화 단어(sight words)를 배웠다면 이 부분만 아이들이 읽도록 하는 것이다.

물론, 팀을 나누어 읽어도 좋다. 합창도 각 파트의 역할이 중요하지만, 연습하다 보면 노래 전체를 체화한다. 영어 읽기도 파트를 나누어 읽다 보면 책 전체를 체화하게 된다.

책 전체를 다 읽어야 한다는 부담이 확 줄어든다. 더불어 아이들이 게임을 하듯 즐겁게 참여할 수 있다. 다른 파트와 조합을 이뤄야

하기에 다른 사람이 읽는 동안 집중도가 높아진다. 마지막으로 이야기책 전체를 함께 읽어낸 것에 대해 대단한 성취감을 가진다.

'숲-나무-숲'을 반복하자 ──

지금부터 '숲-나무-숲'을 기억하자.

숲을 아이들과 함께 거닌다. 거닐다 보니, 처음 보는 나무들 그리고 새로운 장소를 발견하게 된다. 어떤 아이들은 그 개개의 나무 또는 장소에 매료되기도 한다. 하지만 그 나무만을 들여다보고 전체 숲의 특징을 파악할 수는 없다. 충분한 시간을 가지고 새로운 나무와 장소를 잘 파악해보자. 그리고 다시 숲 전체를 거닐어 보자. 그러면 그 숲을 자세히 이해할 수 있다.

책을 숲이라고 해보자. 선생님 또는 부모님과 함께 책을 읽다 보면 잘 모르는 부분이 등장한다. 단어의미, 철자법, 추론, 문법, 문장기호, 읽기 전략, 시각화 단어가 책을 구성하는 나무들인 것이다. 이들을 그냥 지나치는 것이 아니라, 세세하게 들여다보고 연습을 한다. 그런 다음, 숲속을 거닐 듯 책으로 다시 돌아가는 것이다.

일반적으로 여자아이들은 숲을 바라보는 성향이 강하고, 남자아이들은 나무를 바라보는 성향이 강하다고 한다. 모든 아이의 성향을 균형 있게 반영할 수 있다. 하루는 라임에서 아이들과 에즈라 잭 키츠(Ezra Zack Keats)의 『Peter's chair(피터의 의자)』에 나온 다음 문장을 함께 읽으며 rascal이란 단어를 함께 알아보는 중이었다.

"That rascal is hiding behind the curtain", she said happily.
("장난꾸러기가 커튼 뒤에 숨었구나"라며 엄마가 행복하게 말했다.)

내가 아이들에게 영어로 물었다.

"Who knows the meaning of this words 'rascal'?
(누가 이 단어 'rascal'의 의미를 알까?")

그리고 나는 말을 이었다.

"너희같이 장난꾸러기 악당들을 부를 때 이렇게 부르지. 'you little rascal'."

난 또 이어서 아이들에게 질문했다.

"Which words have the same meaning?(어떤 단어들이 같은 의미를 지니고 있을까?)"

이 질문에 우리 반의 남자아이, 루카스가 신속하게 대답한다.

"monster or monkey."

이렇듯 남자아이들은 단어의 형태나 의미를 잘 기억해내고, 경쟁하듯 대답을 하려고 한다.

"자, 이번에 그 단어를 배웠으니 다시 책으로 돌아가 보자."

나는 아이들과 함께 다시 책을 보며 이야기를 나누었다. 나는 또 질문했다.

"Why dose Peter act like rascal?(왜 피터가 악당처럼 굴지?)"

책 전체에 관한 질문을 했을 때 어김없이 여자아이, 루시가 재빠르게 대답한다.

"Because Peter wanted to show his mother that his mind was relaxed."

("피터는 엄마에게 본인의 마음이 누그러진 걸 표현하고 싶었어요.")

이렇듯 남자아이들은 부분적인 것에 강하고, 반면에 여자아이들은 전체적인 것에 강하다.

영어로 된 책을 많이 읽었다고, 문법책을 여러 번 반복했다고, 중학교 영어를 선행했다고, 영어를 잘한다고 할 수 있을까? '숲-나무-숲'을 반복하면서 영어라는 거대한 숲을 알아가려고 노력해 보자. 아직 그 거대한 숲속에서 보지 못한 나무, 가보지 못한 장소가 너무 많다. 그 숲을 함께 탐험하기 위해 오늘도 나는 아이들에게 끊임없이 질문한다.

> Who wants to read the rhyming words?
> 누가 각운 단어들을 읽어볼래?

> Who wants to be my volunteer?
> 누가 나를 도와줄래?

여기저기 서로 하겠다고 손을 드는 아이들이 참 즐거워 보인다. '나누어 읽기'는 아이들의 참여도를 상당히 높일 수 있고, 협동하게 만든다. 팀을 만들어 연습하게 하면 팀원들끼리 협동하는 모습을 볼 수 있다. 능숙한 아이들은 덜 능숙한 아이들을 도와주면서 성취감도 맛보게 된다.

얼마나 잘하는지
알 수 있는
'안내받아 읽기' ———

길을 걸어가고 있는데 누군가가 나를 붙잡고 "당신의 한국어 레벨이 어떻게 됩니까?"라는 질문을 던졌다면 어떨까. 적잖이 당황스러울 거다.

당신은 무엇이라고 대답할 것인가?

정말로 당신의 한국어 레벨이 궁금하다면, 우리나라에서 1997년부터 실행된 한국어 능력 시험이 있다. 나의 한국어 레벨이 궁금하다면 이 시험을 치르면 어떨까?

"저의 점수는 190점으로 5등급입니다."

그러나 이 점수와 등급으로 내 한글 실력을 가늠할 수 있을까?

모국어인 한국어의 레벨을 정하기조차 쉽지 않은 일이다. 하물며 외국어인 영어의 레벨을 측정하는 일은 더 어려워 보인다.

그런데 왜 우리는 이 레벨을 중요하게 여기는 걸까?

현재뿐만 아니라 과거를 돌이켜봐도, 우리나라에서 높은 레벨의 영어 점수를 갖고 있으면 이점이 많았다. 높은 영어 점수는 좋은 직업을 얻을 수 있는 스펙 중에 빠질 수 없는 하나이기 때문이리라. 이런 영향이 아이들의 교육업계에도 영향을 미친 것이다. 부모들이 아이들의 영어 레벨에 관심을 가지는 가장 큰 이유였다.

하지만 이 레벨을 측정하는 기준이 단순히 테스트의 점수로만 결정된다는 것은 참으로 안타까운 일이다. 주위를 둘러보면 토익 또는 토플 점수가 상당히 높지만, 외국인과의 대화에 어려움을 겪는 사람들이 상당히 많다. 영어 인증 시험의 점수가 영어 실력과 동일시될 수 없는 이유이다.

소위 영어를 능통하게 잘하는 사람들을 살펴보면 그들은 영어를 상당히 좋아하고 즐긴다.

"우리 아이가 ○○ 어학원에서 ○○ 레벨이야."

"○○는 무슨 반이야?"

이런 관점보다는 정녕 아이가 얼마나 영어에 대한 긍정적인 자세와 흥미를 갖느냐가 중요한 게 아닐까?

우리 아이의
영어 레벨이 궁금하다면 ——

4월, 네덜란드에 튤립이 피어나는 계절, 길고 어두운 겨울을 지나 햇빛이 비춘다. 학생들이 여름을 손꼽아 기다리고 있다.

다가올 다음 학기를 계획할 시간이다. 일어서서 커튼을 닫아 햇빛을 가리자, 나는 탁자 주위에 둘러앉은 2학년들을 힐끗 쳐다본다. '안내받아 읽기(Guided reading)'를 할 시간이 다가온 것이다. 아이들은 모두 『Boats Afloat(물 위에 뜬 배들)』를 읽고 있다.

학생들은 스위스, 이스라엘, 덴마크, 한국, 스페인에서 왔다. 논픽션 텍스트를 함께 보면서 캡션, 볼드체 인쇄, 목차, 인덱스 등의 특징을 이야기한다. 소녀들은 그 해를 회상한다.

"이곳에 와서는 한마디도 할 수 없었어."

"연초에는 책을 읽을 수가 없었어."

"'네 그리고 아니오'만 할 수 있었어, 그게 다야."

"나도."

"이제 쉬운 일이야!"

베스티 슈츠(Betsy Suits)가 2003년 겨울에 저술한 『안내받아 읽기와 제2외국어 학습자(Guided Reading and Second-Language Learners)』에 나오는 한 부분이다. 이 장면을 보면, 각기 다른 언어적 그리고 문화적 환경에 노출된 아이들이 한 학교에 다니게 됨으로써 특별한 리터러시(Literacy, 이해력) 프로그램의 필요성이 강조된다.

특히 '안내받아 읽기(Guided reading)'를 통하여 어려운 점들을 파악하고 보완해 나아갈 수 있다. 또한 언어 능력도 좋아진다.

그렇다면 '안내받아 읽기'는 무엇인가?

교사가 3~5명 소수의 학생과 함께 그들의 수준에 맞는 텍스트를 읽으면서 교육적으로 접근하는 것이다. 선생님은 학생들이 문제를 스스로 해결하여 읽을 수 있는 텍스트를 제공한다. 그리고 학습자들을 지도한다.

이를 통해 레벨을 측정할 수 있다. '안내받아 읽기 레벨(Guided reading level)'은 A부터 Z까지 26단계로 이루어져 있다. 우리 아이의 영어 레벨이 궁금하다면 이 레벨로 측정해 보자.

"영어책은 다 똑같은 게 아닌가요?" ─

앞서서 큰소리로 읽어주기(Read aloud), 나누어 읽기(Shared reading), 그리고 안내받아 읽기(Guided Reading), 이 세 가지 읽기에 대해 알아보았다.

이 세 가지 모두는 가정이든 학교에서든 동시에 이루어진다. 그리고 이 세 가지 읽기 과정에서 사용되는 텍스트들은 각기 다른 성질을 지닌다.

"영어책은 다 똑같은 게 아닌가요?"

"네, 용도가 다릅니다."

'큰소리로 읽어주기'에 해당하는 텍스트는 이 세 가지 읽기 과정 중 가장 높은 레벨의 책에 해당한다. 선생님이나 학부모님이 읽어주는 책이므로, 아이가 읽을 수 있는 수준보다 높아야 한다.

'나누어 읽기'에 해당하는 텍스트는 50% 정도 아이들이 스스로 읽을 수 있고, 50%는 학습을 통해서 읽을 수 있는 수준이어야 한다. '큰소리로 읽어주기'의 텍스트보다는 다소 낮은 레벨이어야 한다. 아이들에게 사랑받는 엘렌 스톨 월시(Ellen Stoll Walsh)의 작품은 밝은 색감, 재미있는 콜라주 기법, 풍부한 유머 그리고 간단한 개념을 담고 있다. 대표작인 그의 작품인 『Mouse Paint(마우스 페인트)』는 익살스러운 세 마리 생쥐들이 물감을 혼합하여 다양한 색깔을 만들어내는 이야기다.

아이들이 아직 문자를 읽지 못하는 상황이라면 '큰소리로 읽어주기'를 통해 말하는 어휘를 발달시키고 간단한 개념을 확장해줄 수 있다.

"James, What color would it be if yellow and blue were

mixed?"

("제임스, 노란색과 파란색을 섞으면 무슨 색이 될까?")

내가 우리 라임 아이, 제임스에게 이렇게 질문하면 "It would be green(초록색이요)"라고 대답한다. 이렇듯 상호 작용을 하며 책을 읽어주는 것이다. 우리 라임 아이들은 모두 다 영어 이름이 있다. 라임에 오기 전부터 영어 이름이 있는 아이도 있고, 없는 아이들은 아이를 몇 번 만난 뒤에 내가 어울릴만한 이름 여러 개를 보여주고 아이들이 스스로 선택하게 한다.

어쨌든, 이제 기초 파닉스 과정을 마친 상황이라면 이 동화책을 선생님의 도움을 받아서 스스로 읽을 수 있다. 즉 '나누어 읽기'가 가능한 것이다.

"James, Do you remember this story?"

("제임스, 이 이야기 기억나지?)"

"After reading the story, you should sort out the words into color words and action words."

("책을 읽은 후에, 색깔 단어와 동사를 분류해야 해.")

제임스와 같은 반 아이들은 함께 단어들을 협동하여 분류해낸다.

마지막으로 '안내받아 읽기'는 아이가 '나누어 읽기'에서 얼마나 잘 이해하고 학습했는지를 확인하는 과정이므로, 텍스트는 가장 쉬워야 한다. 예를 들어, 레오 리오니(Leo Lionni)가 쓴 『A Color of His Own(저마다 제 색깔)』이란 책을 유치원생 정도의 아이라면 큰 소리로 읽어주면 되는 것이고, 아이가 스스로 50% 정도 읽어낼 수 있다면 나누어 읽기를 하면 된다. 그리고 아이가 80% 이상 스스로 읽을 수 있다면 '안내받아 읽기용'으로 쓰면 되는 것이다. 참고로 레오 리오니의 이 책은 안내받아 읽기의 F등급(Guided reading level F, GR Level F)에 해당한다.

가정에서 아이의 영어 레벨을 확인하고 싶다면 아이가 충분히 읽을 수 있는 텍스트로 확인해 보는 것이 좋다. '안내받아 읽기' 레벨은 세계 최대 출판사인 스콜라스틱의 온라인 사이트(https://www.scholastic.com/teachers/bookwizard/)에 방문해서 책 제목을 입력해보면 쉽게 확인할 수 있다. 누구나 방문이 가능하며, 책이름을 검색하면 손쉽게 영어책의 레벨을 확인할 수 있다. 우선 집에 있는 영어책의 레벨을 확인해 보자.

책과 책 사이에
이어진 길을 따라가자 ──

　뉴욕 맨하탄에 위치한 '모퉁이 가게(The Shop Around The Cor-
ner)'라는 독립 서점이 있다. 이 서점의 주인인 캐서린의 어머니 때
부터 운영하던 곳이다. 누구에게나 친근한 이 서점에는 플랩북, 팝
업북, 헝겊으로 만든 책, 캐릭터인형, 리더스북, 만화책, 그리고 보드
북이 있다. 서점 곳곳에는 누구든 편하게 앉아서 읽을 수 있는 공간
도 마련되어 있다. 평소 이 서점을 즐겨 찾는 사람들의 얼굴에는 언
제나 행복한 웃음이 가득하다.

　하지만 독립 서점을 다 망하게 하는 대형 서점인 팍스문고(Fox
Books)가 들어서면서 많은 이들의 추억이 깃든 서점인 모퉁이 가게
도 문을 닫게 되었다. 재고 정리를 하던 어느 날, 한 여성이 다가와

캐서린에게 말한다.

"내가 어린 소녀일 때 토요일마다 여기를 왔죠. 당신의 어머니가 나에게 『빨간 머리 앤』을 건네주면서 휴지를 가지고 읽으라고 했던 기억이 나네요."

이 말을 듣고, 그 서점에 있는 모든 이들이 눈물을 흘린다. 바로 영화 〈유브 갓 메일(You've got a mail)〉의 한 장면이다. 이 장면은 보고 또 보아도 내 마음 한쪽 구석이 아려온다. 어릴 때 혼자 또는 부모와 함께 와서 즐겁게 책을 읽던 곳, 그런 서점이 사라지는 심정이 어떠할까?

내가 사는 울산에서는 안타깝게도 영어 동화책을 마음껏 만나서 읽어보고 살 수 있는 공간이 없다. 물론 예전과 달라져서 도서관에 영어책들이 많이 있긴 하다. 하지만 실상 도서관에는 어린아이들이 읽을 수 있는 영어 동화책보다는 성인들을 위한 소설책이 대부분이다. 울산광역시에서는 가장 큰 공공도서관이 개관한 지 2년이 되어가지만, 영어소설책들의 대여율이 현저히 낮다.

소박한 바람이지만, 나는 모든 이들이 편히 즐길 수 있는 영어서점을 언젠가는 열고자 한다. 딸아이를 위해 시작한 영어교육. 교육을 시작한 이후로 줄곧 내 머릿속에 생생하게 떠오르는 이미지는 이렇다. 나이를 지긋이 먹은 내가 흔들의자에 앉아서 카펫이 깔린 바닥에 자유롭게 앉아 있는 아이들에게 책을 읽어주고 있는 장면이다. 영어 동화책을 재미있게 읽어주는 할머니. 아마도 그 장소는 누구나 사용할 수 있는 영어도서관일 것이다. 그리고 즐거운 추억과 함께 아이들이 아름다운 영어 동화책을 마음껏 보고 살 수 있는 서점도 있을 것이다.

그런 공간이 있다면 어른, 아이 모두가 좀 더 행복하게 책을 즐길 수 있지 않을까?

혼자서도 책을 잘 읽는 아이가 되려면, 독서가 즐거운 거라는 걸 아이들이 스스로 체험해야 한다. 한글책이든, 영어책이든 아이가 우선 진정으로 즐길 수 있게 해줘야 한다. 인생에서 모든 일이 그렇듯이, 독서도 길은 길로 이어져 있기에. 한글책이든 영어책이든 결국은 하나의 길로 이어져 있다.

작은 독서 클럽을 만들어 보자 ──

자유로운 분위기에서 독서를 하고 싶다면, 집에서 가족들과 함께 해보면 어떨까? 각자의 가족 구성원들이 풍부하고 잘 정리된 책 모음에서 책을 고른다. 이왕이면 책을 수준별로 정리하기보다는 작가, 일러스트레이터, 테마, 시리즈, 장르 같은 카테고리에 따라 정리를 해보자.

"이번 달에 판타지에 관련된 책들을 읽어 볼까?"

"제가 가장 좋아하는 작가, 레오 리오니 책들은 제 방에 있어요."

"어, 이 그림 작가가 누구죠? 제가 어디선가 본 거 같아요."

이런 대화를 하는 작은 독서 클럽을 만드는 것이다. 서로 대화를 하면서 좋은 책을 선택하는 방법을 배우고, 서로를 지지하는 것이다.

특히 아이들은 독후 활동으로 독후감을 쓰는 부담스러운 일을 할 필요는 없다. 가장 인상에 남는 문장이나 장면을 일기에 녹여본 다거나, 독서 노트에 베껴 써보는 것도 너무 좋다.

시작부터 거창할 필요는 없다. 단, 10분이라도 하면 된다. 시작은 언제나 좋다. 이 좋은 시작은 아이들이 평생 간직할 독서에 대한 열 정을 가질 수 있게 해준다.

우리 라임에는 시우와 은우 형제가 있다. 이 형제의 어머님은 라 임의 학부모이자 열혈 독서 예찬론자이다. 늘 돌아다니길 좋아하 는 장난꾸러기인 아들만 둘이지만, 얼마나 책을 열심히 읽어주셨는 지 아이들의 독서 수준도 상당했다. 가끔 "원장님, 제가 인터넷 영어 서점에서 보고 책들을 골라 봤어요. 아이들이 좋아할까요?"라는 연 락을 종종 받곤 했다. 직접 시우와 은우의 집에 방문해 보지 않아도 왠지 서재 모습을 알 수 있을 거 같았다.

내가 개인적으로 매우 좋아하는 동화 작가인 베라 윌리엄스(Vera B. Williams)의 『A chair for my mother(엄마를 위한 의자)』를 라임에서 아이들에게 읽어 준 지 며칠이 지난 후였다. 그 형제의 손에는 이 작가의 다른 작품인 『Something special for me(나를 위한 특별한 것)』이 들려있었다.

"선생님이 분명히 좋아하실 거 같아서 가지고 왔어요."

시우, 은우 형제가 독서를 즐기는 모습도 너무 예뻤지만, 또 나를 위해 이렇게 책을 챙겨주는 모습도 너무나 사랑스러웠다. 이 형제에게는 그들만의 독서 클럽이 이미 완성되어 있었다.

"너도 한번 읽어봐" ───

여기저기 아이들이 바닥에서 뒹굴뒹굴한다. 혼자서 또는 둘이서. 아이들의 손에는 책들이 들려져 있다.

"에밀리, 그 책 다 읽고 나 줘."

"미안해, 피터, 그다음엔 루시가 먼저 읽기로 했어."

"피터, '플라이 가이(Fly Guy)' 새로운 시리즈 나왔던데. 너도 한번 읽어봐."

아이들의 대화에 누구도 간섭하지 않는다. 여긴 어딜까?

또 다른 공간이다.

아이들이 줄에 맞춰 정렬된 책상에 앉아서 책을 읽고 있다.

"지연아, 너 뭐 읽고 있어?"

"이거 3학년 권장도서라서 읽어야 해."

그때 갑자기 선생님께서 "누가 떠드니? 독서 시간에는 조용!"이라고 소리치신다.

아이들이 다시 책으로 시선을 고정한다.

모두 독립적인 읽기 시간이다. 두 번째 장면은 우리가 이미 알고 있듯이, 우리나라의 초등학교 아침 독서 시간이다. 조용한 상태에서 묵묵히 자신이 가지고 온 책을 읽어야만 한다. 그래서 소리를 내어 책을 읽을 수도 없고, 그 책에 대한 즐거움이나 새로운 지식을 다른 아이들과 공유할 기회도 적다.

반면에, 같은 초등학교 독서 시간이지만 처음에 언급된 곳은 미국 교실이다. 아이들이 매우 자유스러운 상황에서 책을 고르고, 읽고, 이야기를 나눈다. 선생님의 간섭도 거의 없다.

아이들은 좀 더 자유로운 분위기에서 자발적인 행동을 통해서만 성취감을 극대화할 수 있다. 당장 우리나라 초등학교 교실에서 독서 시간의 풍경을 바꾸는 건 어려운 일이다. 하지만 선생님들의 통제를 좀 더 줄이고, 아이들끼리 독서의 즐거움을 찾는 분위기를 빨리 만들어야 할 거 같다.

'생각 부자'
아이들과 함께!

머리가 똑똑해지는
'비밀 단어'들을
만들어 보자~!

A B C D E
F G H I J K
L M N O P
Q R S T U
V W X Y Z

Part 6
쉿! 미국 교실에서
무슨 일이 일어나는지 알려줄게

'단어 벽'이
뭔지 아니? ——

초등학교 시절, 나는 고학년이 되면서 거의 학년마다 환경 미화 부장이었다. 내 이름이 '미화'라는 이유만으로 나에겐 그 직책이 떠 맡겨졌다. 하지만 나는 그 당시 '미화는 미화부장'이라는 꼬리표가 그리도 싫었다. 하긴 그 시절엔 이름으로 별명을 만들거나, 연관된 농담을 자주 하곤 했으니까.

그런데 환경 미화부장이라고 딱히 크게 주어진 일은 없었다. 한 학기에 한 번 정도 선생님과 함께 교실 뒤편에 설치된 커다란 게시판을 꾸미는 일을 했다. 수업시간에 쓴 동시, 포스터, 칭찬 스티커 판들을 보기 좋게 배열했다. 한번 정리한 게시판은 한 학기 내내 변동 없이 정렬된 상태로 유지되었다.

30년이란 세월이 흐른 뒤, 나는 학부모가 되어 다시 초등학교 교실을 찾았다. 아이가 오랫동안 친구들과 함께 머무르는 공간을 청소해 주고 싶어서였다. 일하는 엄마로서 다른 행사에는 참석할 수 없었지만, 학교 청소는 꼭 참석하려고 노력했다.

다시 찾게 된 초등학교 교실은 예전과 다를 바가 없었다. 정렬이 잘된 책상 열과 각을 맞춘 듯한 반듯한 게시판. 서먹한 엄마들 틈에서 쭈뼛쭈뼛하고 있을 때였다. 담임선생님이 엄마들에게 감사의 인사를 하셨다. 세월이 흘러도 선생님은 편하게 다가가기 힘들었다.

그때 갑자기 반장 어머님이 선생님에게 따지듯 말했다.

"선생님, 우리 ○○ 그림은 왜 게시판에 없어요? 내가 이러려고 우리 아이에게 반장을 하라고 한 게 아닌데."

순간, 교실은 정적이 흐른다. 당황해하는 담임선생님 그리고 나머지 어머니들. 학급 게시판에 누구의 그림이 붙어있는지가 반장이라는 것과 무슨 관계가 있는 것인가? 사실 그 현장을 목격하고 나는 적잖이 충격을 받고 마음이 상했다. 우리 때와 달라진 게 없기도 했지만, 교실 게시판이 여전히 아이들을 위한 활용 공간이 아니라 결과물을 전시하는 공간이라는 것이 안타까웠다.

그럼 우리와 다른 나라의 교육 현장은 어떨까? 궁금해졌다. 과연 우리와 비슷할 것인가, 아니면 다른 무엇인가가 존재하고 있는 것일까?

상상 이상의 교실 풍경 ──

2010년쯤 한창 조기 영어교육 지도(Early Litera-cy)를 공부하러 다니던 중이었다. 거기서 같은 지역에 사는 선생님을 만나게 되었다. 그녀는 외국인 학교에서 보조 교사로 일하고 있었다. 현장에서 이 방법으로 직접 수업을 하고 있었기에 매우 흥미로웠다. 드디어 내가 필요할 때 질문 폭탄을 던질 동지를 만난 것이다.

그 외국인 학교에는 전 세계 각국에서 모인 아이들이 있었다. 부모님의 직업상 여러 나라에서 유년 시절을 보낸 아이들이 많았다. 처음에는 여러 나라 아이들이 모여서 수업을 하니 얼마나 좋은 기회일까 하고 부러워했다. 하지만 실상은 아이들이 여러 나라에서 일관적인 교육을 받지 못해서 글자를 읽는 능력이 대부분 부족한 상황이었다.

정말로 이런 아이들에게 읽기 능력을 높이기 위해서 어떻게 수업하는지가 궁금해졌다. 그래서 난 선생님께 부탁을 드려 그곳에서 자원봉사를 하기로 했다. 일단 미국 교육과정을 바탕으로 수업하는 곳에 방문하는 자체로도 무척 떨렸다. 문을 열고 들어선 교실의 첫인상은 매우 어수선했다.

책상도 네모반듯하지 않고 둥글며 여기저기 무리 지어 책상이 자유롭게 배열되어 있었다. 무엇보다도 교실의 벽면에는 무엇인가

어지럽게 가득 붙여져 있었다. 문화적 충격이었다. 반듯하게 정렬된 우리나라 교실과는 사뭇 다른 풍경이었다. 무질서한 교실이었다.

그날은 소그룹 수업이 진행되었다. 한 그룹에서 선생님이 아이들을 지도하고 있었다. 나머지 그룹의 아이들은 가만히 앉아서 기다리는 게 아니었다. 여기저기 돌아다니기도 하고, 카펫이 깔린 바닥에 누워서 책을 읽기도 하고, 교구를 들고 와서 함께하기도 했다.

정말 한국 교실에서는 상상할 수 없는 일들이 벌어지고 있었다. 하지만 그렇게 무질서해 보였지만, 그리 소란스럽지는 않았다. 수업을 방해하지 않는 범위에서 본인들이 자유롭게 활동하고 있을 뿐. 선생님이 눈에 보이지 않는 규율을 정해준 듯했다. 어떠한 간섭도 하지 않았다. 정말 신기했다.

어떻게 이리도 다를 수 있을까? 당장 전체의 교육시스템을 비교해볼 수는 없었지만, 우선 교실 안이라도 꼼꼼하게 들여다보기로 했다.

아이들이 수업하는 공간을 먼저 비교해보았다. 표면적으로 가장 눈에 띄는 것은 벽면이었다. 동화책에 관련된 정보, 동시, 무수히 많은 단어가 벽면을 가득 채우고 있었다. 특히 자주 나오는 단어들이나, 파닉스에 관련된 정보별, 패턴별, 그리고 품사별로 무리를 지어 벽면에 장식되어 있었다. 아이들이 직접 손으로 적은 흔적들도 여기저기 남아 있었다. 그것만 봐도 자유로움이 물씬 느껴졌다. 일방적인 교육방식이 아니라, 상호 작용하는 교육방식이라는 걸 한눈에 알아볼 수 있었다.

우리 아이들도 이런 환경에서 교육을 받으면 얼마나 좋을까?

마음껏 볼 수 있는
컨닝페이퍼 ──

선생님과 친구들과 함께 배운 흔적들을 벽면에 남기는 작업. 그리고 선생님이 일방적으로 배치할 내용을 결정하는 것이 아니라, 아이들과 함께 배치할 것을 의논한다. 이것을 '단어 벽(word wall)'이라 부른다. 우리 교육환경에서는 흔히 볼 수 없는 광경이다.

항상 미국 아이들은 이런 단어 벽에 노출되어 있다. 그들이 필요할 때는 언제나 들여다볼 수 있다. 때때로 이 단어 벽은 아이가 철자를 쓰기가 어려울 때 언제든지 들여다볼 수 있는 컨닝페이퍼가 되어준다. 아이들에게 커다란 안도감을 선사해주는 선물과도 같다. 그날 배운 단어를 완벽하게 암기하고 써야만 하는 부담감에서 벗어나게 해줄 수 있으니 얼마나 좋은가. 이런 환경을 동경한 나는 라임에서도 만들어 보기로 했다.

"오늘 배웠던 자주 나오는 단어 'was'를 다시 복습해 보자."

선생님이 수업을 시작한다.

"민준아, 이 단어를 단어 벽에서 찾을 수 있겠니?"

"네!"

민준이는 벌떡 일어나 자주 나오는 단어가 가득 차 있는 단어 벽으로 가서 그 단어를 쉽사리 찾아낸다.

라임에서는 한 교실에서 여러 레벨의 아이들이 수업하는 관계로 단어 벽을 만들기에는 힘든 조건이다. 하지만 아이마다 어려운 단어들은 포스트잇에 적어서 잘 보이는 곳에 붙이는 작업을 한다. 우리만의 작은 단어 벽을 만드는 셈이다.

가정에서도 아이들이 파닉스를 배우고 있다면 관련된 자료로 단어 벽을 만들어 보자. 혹은 자주 나오는 단어를 배우고 있다면 그 리스트로 단어 벽을 만들어 보자. 꾸며주는 단어를 아이에게 알려주고 싶다면 형용사 리스트를 벽면에 붙여보자.

하루, 이틀 지나면서 점점 채워져 가는 단어 벽은 어느 인테리어보다도 더 멋질 것이다. 지금부터 벽에 무엇을 붙일지 고민해보자!

머리가
똑똑해지는
단어 만들기 ──

내 고등학교 동창 한 명이 가족과 함께 미국 텍사스에서 유학 생활을 하던 중, 잠시 한국에 들어왔다. 그 친구의 딸이랑 우리 딸 나이가 같아서 함께 만나 종종 시간을 보냈다. 그 친구 아이도 라임 도서관에 와서 책도 같이 읽으면서 지냈다. 그러던 어느 날, 그 아이가 아이패드를 들고 무언가를 너무도 재미나게 하는 게 아닌가! 그 화면을 자세히 들여다보지 않은 채, 나는 그저 아이들이 흔히 하는 온라인 게임이라고 추측했다. 그러면서 미국에 살아도 '한국의 또래 아이들과 비슷하구나'라는 생각이 들었다.

나는 개인적으로 게임에는 별로 흥미가 없는 데다가, 온라인 게임 자체에 대해 다소 부정적인 관점으로 바라보았다. 그러나 오랜

만에 만난 친구의 딸에게 잔소리하고 싶지는 않았다. 그러던 중 그 아이가 나에게 질문을 했다.

"이모, 이 단어가 무엇일까요? 아무리 유추해도 모르겠어요."

그 질문을 받는 순간, 나는 미안해졌다.

'어머나! 내가 알고 있던 온라인 게임을 하고 있었던 게 아니었 구나!'

아이패드 스크린을 내려다보니 그림이 네 개 있고, 그 아래에는 알파벳이 나열되어 있었다. 이 그림을 보고 의미를 유추하여 단어를 만들어내는 게임이었다. 바로 '4 pics 1 word(그림 4 단어 1)' 게임이었다. 처음 보는 이 게임은 정말 흥미로웠다. 그림의 의미도 알아야 하지만, 주어진 한정된 알파벳을 사용하여 단어를 만들어내야한다.

와! 일석이조의 게임인 것이다. 영어 단어 의미도 폭넓게 알 수 있고, 철자 구조에 대해서도 배울 수 있으니 말이다.

"서진아, 미국에선 친구들이랑 '4 pics 1 word' 게임을 많이 하니?"

나는 친구 딸아이에게 궁금한 점을 물어보았다.

"네, 아이들이랑 심심할 때 이 게임을 하면서 놀아요."

서진이는 다부진 목소리로 이렇게 대답해주었다.

영어를 모국어로 하는 곳에서 아이들이 즐겨 하는 놀이라고 하니, 더욱더 흥미가 생겨났다.

'온라인으로는 수업에 적용할 수가 없으니, 오프라인으로 할 방법이 있지는 않을까?'

나는 이런 게임을 우리 라임 아이들에게도 소개해주고 싶었다. 뜻이 있는 자에게 길이 있나니, 다행히도 이를 수업시간에 풀어낼 수 있도록 만들어 놓은 사람들이 있었다.

단어를 만들어 보아요 ──

웨이크 포레스트 대학(Wake Forest University)의 교육학 교수인 팻과 짐 커닝햄(Pat and Jim Cunningham)이 1992년에 멋진 프로그램을 소개했다. 아이들에게 문자 집합을 제공한 다음, 다양한 비밀 단어를 만들게 하는 것이다. 10~20개의 단어를 만든 후에, 선생님과 아이들은 단어의 패턴과 운율별로 그 단어들을 분류한다.

이것을 '단어 만들기(Making words)'라고 한다. 이는 혁신적인 단어 공부이자, 단어 놀이 활동이다. 아이들은 이런 활동을 통해 단어를 더 잘 구별하며, 단어의 철자 구조를 효과적으로 배울 수 있다.

한국에서는 교재를 구하기 힘들었지만, 다행스럽게도 아마존닷컴을 통하여 그 교재를 해외배송으로 살 수 있었다.

처음 파닉스를 시작하는 K 레벨부터 Grade 4까지 다단계로 구성이 되었다. 경험이 없는 나로서는 K 레벨부터 아이들과 함께 시작을 해보았다. 낯설기는 했지만, 적극적으로 하다 보니 재밌게 단어 만들기를 할 수 있는 매우 좋은 활동이라는 것을 알 수 있었다.

Making words

vowel

| a |

consonants

| r | s | t | b | c | g | n |

2 letters

3 letters

앞의 예시와 같이 제한된 모음과 자음을 제공한다. 아이들이 쉽게 이해할 수 있도록 모음 파트는 색이 더 짙게 해놓았다. 2문자 단어와 3문자 단어를 만들어 보도록 아이들에게 자율 시간이 주어진다.

"애들아, 오늘은 모음 'a'를 가지고 있는 단어들을 만들어 보자. 저기에 있는 소리만 사용할 수 있단다. 우선 뜻이 없어도 되니까 우리 한번 만들어 볼까?"

아이들은 새로운 놀이에 눈을 반짝이고, 귀를 쫑긋하며 흥미를 나타낸다.

"2문자 단어는 무엇이 있을까?"

선생님이 질문한다.

"at, an, as, 3개가 있어요."

아이들이 단어를 조합하여 대답한다.

다른 활동을 할 때도 마찬가지이지만, 아이들은 주어진 과제가 흥미로우면 빠른 집중력을 보인다. 하지만 반대의 경우, 느린 집중력을 나타낸다. 이럴 땐 아이가 포기하지 않도록 많은 칭찬이 필요하다.

처음에 아이 혼자서 단어 만들기가 힘들다면, 엄마와 함께 해보는 것도 좋은 방법이다. 만들어 본 단어들이 무슨 의미를 지니고 있는지 궁금하지 않은가? 영어 단어에 많이 노출되어 있던 아이들은 감각적으로 이전에 본 적이 있는 단어인지, 아닌지를 알아챈다. 경험이 없는 아이라면 선생님이나 부모님이 도와주면 된다. 물론 단어의 의미까지 알면 좋기는 하겠지만, 우선 단어 만들기를 하는 데 목적이 있기에 그 단어의 뜻에 너무 매달릴 필요는 없다.

비밀 단어들을 분류해 볼까? ——

아이들마다 만들 수 있는 단어들은 다르다. 그래

서 아이들만의 '비밀 단어'라고 부른다. 그렇다면 아이들이 만든 비밀 단어로 무엇을 할 수 있을까?

"너희들이 만든 3문자 단어를 모두 선생님이 칠판에 적어볼게."

나는 아이들이 만든 단어들을 칠판에 알아보기 쉽게 또박또박 적어보았다.

"bat, cab, can, bag, bar, cat, tab, ran, rag, car, rat, tan, tag, tar, sat, 와! 이렇게나 많은 단어를 너희들이 만들었구나. 이 단어들을 어떻게 분류하면 좋을까?"

아이들이 이미 라임(rhymes)에 대해 알고 있었기에, 각운별로 쉽게 분류해낼 거라 믿었다.

"-at, -ab, -an, -ag, -ar, 이렇게 패턴별로 구분해 보면 어떨까?"

아이들이 잘 집중하고 있는지, 표정을 살피며 내가 또 묻는다.

"그럼 -at 패턴인 단어는 무엇이 있을까?"

또 내가 물었다. 그러자 아이들이 매우 큰 소리로 대답한다.

"bat, cat, rat, sat."

아이들은 본인이 만든 비밀 단어들로 정확하게 배열하고, 분류하는 작업을 즐거운 마음으로 한다. 당연히 적극적으로 참여했다.

항상 우리가 생각하는 수업은 누군가가 준비한 자료들로 수동적으로 참여하게 된다. 하지만 이런 활동들은 아이들 스스로 창조하여 능동적으로 참여한다는 데 큰 차이점이 있다. 아이들도 똑똑해지고, 나도 함께 똑똑해지는 이런 단어 만들기 활동, 어떨까?

쉿! 작은 비밀 하나를 알려주자면, 이 단어 만들기는 멘사 어린이 프로그램에서도 많이 사용한단다.

뒤죽박죽
단어들을
제자리로 ——

"라임에서는 초등 저학년부에서 문법은 수업하지 않나요?"

"우리 아이는 어릴 때부터 문법 배우는 걸 싫어해요. 우리 아이들은 즐겁게 영어를 배웠으면 좋겠어요."

라임에 상담 오시는 어머님들의 의견은 대략 이렇게 두 갈래로 나뉜다. 문법을 가르쳐야 하는가? 가르치지 말아야 하는가? 그것이 문제로다. 언어에 대한 감각을 익히기 전에 문법을 열심히 배웠던 우리의 영어교육 현실.

잘못 끼워진 첫 단추 같은 시작이라는 걸 우리는 부정할 수가 없다. 그리하여 나에게 조금 삐딱한 영어 교육관이 자리 잡았다.

'아이들이 어릴 때부터 문법을 배울 필요는 전혀 없어. 영어책만

열심히 읽으면 되는 거야.'

심지어 수업시간에 한국어를 쓰지 않고 영어로만 진행하려고 노력을 했다. 아이들이 문법을 배우지 않으니 너무 행복해 보였다. 이 교수 방법을 고집한 지 한 2, 3년까지는 말이다. 저학년까지는 아이들이 영어 동화책을 많이 접한 상태라 짧은 문장을 잘 썼기에 알아차리지 못했다.

그러나 아이들이 초등 저학년을 지나감에 따라 글쓰기를 본격적으로 시작할 무렵이었다. 본인이 읽고 이해한 것을 쓰기 시작하면서 정확성이 떨어지기 시작했다. 정확한 문법으로 깔끔하게 쓸 수 있다는 것이 중요하다는 걸 깨달았다.

'문법 교육을 터부시할 것이 아니라 아이들이 구어체로 문법을 이해할 수 있게 서서히 경험을 쌓도록 해야 하는 거구나!'

"She so is happy."

이 어색한 문장을 아이들에게 슬쩍 말해본다. 그런 다음 "Does it make sense?(이게 말이 되는 거 같아?)"라고 질문했다. 이렇게 주어 다음에는 동사나 be 동사가 위치한다는 공식을 알려 주는 것이 아니라, 문장에 대한 감각을 자연스럽게 일깨워 주는 것이다. 아이들이 앞에 제시한 문장이 뭔가 어색하다는 것을 알아차리는 것만으로도 이미 성공한 셈이다. '문법'이라는 커다란 연못에 사는 '수많은 법칙'이라는 물고기를 아이들이 스스로 잡을 수 있도록 감각을 길러줘야 한다.

단어들은
어디로 가야하니? ——

　　　아직 글을 읽을 줄 모르는 아이들에게도 연못에 자유분방하게 헤엄치고 다니는 문법 법칙을 가르칠 수 있을까?

　나의 대답은 "Why not?(왜 안 돼?)"이다.

　유튜브를 통해 조기 교육 관련 동영상을 보고 있을 때였다. 귀여운 꼬맹이들이 영어 단어가 커다랗게 적힌 카드를 각각 하나씩 목에 걸고 서 있다. 서로의 카드를 바라보면서 대화를 한다.

　"너의 카드에는 boy라고 쓰여 있네. 내 카드에는 무슨 단어가 적혀 있니?"

　자유롭게 돌아다니면서 서로 대화를 주고받다가, 조금 시간이 흐르자 선생님으로 보이는 여성분이 짧은 문장을 큰소리로 말했다.

　"자기가 어떤 단어를 들고 있는지 알고 있지? I am a little boy. 자, 순서대로 서 볼까?"

　아이들이 문장 안에 있는 단어의 순서대로 가서 줄을 서는 게 아닌가! 흩어져 있던 단어들이 모여서 문장을 이루는 게임을 하고 있던 거였다. 너무도 신선한 자극이었다. 아이들이 가만히 책상에 앉아서 문장을 수동적으로 읽고 쓰는 게 아니라, 실제로 몸을 움직여서 다른 아이들과 협력하여 문장을 완성하는 것이다. 정말 상상하지도 못했던 장면이었다.

이걸 계기로 '글도 못 읽는 아이들에게 문법을 어떻게 가르칠 수 있단 말인가?'라는 선입견을 완전히 깨뜨렸다. 아이들도 이런 활동을 통해서 본인은 아직 알지 못하는 문법에 대한 감각을 쌓아갈 수 있다. 이와 더불어 언어 감각을 더욱더 높이기 위해서는 책에 대한 노출을 많이 해야만 한다. 그래야 아이들은 "아, 어디선가 보았던 거 같아. 그러면 이 단어는 다른 위치로 가야겠네"라고 스스로 알아차리면서 문제를 해결할 수 있다. 더구나 이렇게 어릴 때부터 감각을 잘 쌓아온 아이들이 고학년이 되어 본격적으로 문법을 접하면 어떤 일이 일어날까? 그건 여러분의 상상에 맡긴다.

문법을 가르칠까, 말까? ──

아이들이 매우 사랑하는 책 중 하나가 체코 작가인 페트르 호라체크(Petr Horacek)가 지은 『Silly Suzy Goose(어리석은 거위 수지)』이다. 내용이 너무 재미있기에 문장 길이가 좀 길지만, 아이들은 개의치 않고 신나게 읽고 즐긴다. 이 책에서 자주 등장하는 문장은 다음과 같다.

If I was a bat, I could hang upside down.
(만약에 내가 박쥐였다면 나는 거꾸로 매달릴 수 있을 텐데.)

"내가 ○○이었더라면 나는 ○○을 할 수 있었을 텐데."

『맨투맨』 문법책에 따르면, 책의 거의 마지막 부분에 위치하는 가정법에 해당하는 문장이다. 갑자기 머리에 쥐가 날 거 같다. 하지만 우리 아이들은 이 문장을 보고 문법이라는 벽에 부딪히지 않는다. 내용이 너무 재밌기에 이 문장이 마음속에 들어와 이미 자리 잡고 있다. 이런 즐거운 문장은 세월이 흘러 문법을 체계적으로 배울 시기에는 정확하게 이해하고 활용할 수 있다.

앞서 말했던 문법이라는 거대한 연못에는 작은 법칙들이라는 물고기가 많이 살고 있다는 걸 즐거운 책 읽기를 통해서 아이들이 알 수 있도록 한다. 그런 다음 아이들이 그 물고기를 정확하게 잡을 수 있도록 이끌어 주면 되는 것이다. 그렇다고 한꺼번에 많은 물고기를 잡을 수는 없다. 시간을 두고 천천히 잡을 수 있도록 함께 하자.

2014년 4월 17일, 호주에서 발간하는 학문적인 잡지인 〈The conversation〉에 수록된 글을 들여다보면 이런 이야기가 있다.

There are grammar pundits who love their knowledge about the language for the haughty power it affords them.
(문법 전문가들은 언어에 대한 그들의 지식을 사랑한다. 이는 그들이 거만한 힘을 획득할 수 있기 때문이다.)

이 글을 다시 해석해 보면, 우리는 이런 문법 전문가에 의해 어릴 때부터 언어의 다른 부분을 접해 보지 못하고 문법만을 먼저 배워 왔다. 이제 우리는 그들의 거만한 힘에 의해서가 아니라, 우리 아이들의 체계화된 읽기와 쓰기를 위한 방법으로만 문법을 받아들이도록 하자. 다시는 우리 아이들이 우리와 같은 길을 가지 않도록!

멋진 배우처럼
연기해 볼까? ───

미국의 동화 작가, 페기 라스맨(Peggy Rathmann)의 대표작
『Ruby the copycat(따라쟁이 루비)』의 주인공인 루비는 새로운 학
교로 전학을 온 날부터 본인이 마음에 드는 친구인 안젤라를 따라
하기 시작한다. 비슷한 경험, 비슷한 헤어리본, 비슷한 행동, 그리고
비슷한 옷. 안젤라는 처음엔 자기와 비슷하게 행동하는 루비가 좋
았지만, 너무 지나쳐서 차츰 루비를 싫어하게 된다.

"You copied me! I'm telling Miss Hart! P.S. I hate your hair
that way."
("너 나를 따라 했어! 나는 선생님에게 말할 거야. 추신. 난 너의 그런 머리

스타일이 싫어.")

안젤라의 이 말에 상처받은 루비였지만, "자신을 먼저 찾는 게 중요하단다"라는 선생님의 조언을 듣게 된다. 그 뒤로 본인의 색깔을 찾은 루비는 많은 친구와 친하게 지낸다.

이 이야기 속 루비를 보면서 나는 어린 시절의 나를 떠올렸다. 물론 루비처럼 한 친구를 열심히 따라 하지는 않았다. 하지만 내가 좋아하거나 존경하는 사람을 마음속에 품으면 다양한 방면으로 따라 하려고 노력했다. 나도 copycat(따라쟁이)이었다.

이제껏 내 인생을 돌이켜보았을 때 '따라쟁이'가 참 도움이 많이 되었다. 10년 전 교육현장에서 만나 존경하게 된 소피아 선생님께서 아이를 키우는 방법을 어깨 넘어 보면서 나는 따라 했다. 또 그녀가 책을 항상 가까이 두는 모습을 보고 나도 따라 했다. 내 인생의 큰 맥락은 그분을 따라 하면서 흘러가고 있다.

학창 시절에는 텔레비전에 나오는 유행어를 재밌게 흉내 내거나, 친한 친구들의 몸짓이나 말투를 맛깔나게 묘사해냈다. 주변 친구들이 좋아하니까, 신이 나서 더 열정적으로 연습하기도 했다. 그런데 이렇게 따라 하는 행동들이 내가 나중에 본격적으로 영어를 배우기 시작하면서 매우 큰 도움이 되었다. 심지어 한국에서는 나에게 "혹시 외국에서 살다 오셨어요?"라는 질문을 하기도 했다. 또 처음으로 여행한 영어권 나라인 호주에선 "Which state are you from?(너는 어느 주에서 왔니?)"라는 질문을 받았다. 재밌게도 다른 나라가 아닌, 호주의 다른 지역 어디에서 왔냐는 질문이었다.

소리로 들어온 영어를 그대로 따라 하려고 했던 행동이 나의 언어 능력을 높여준 것이었다. 좀 극성스럽게 보일 수는 있지만, 싱크로율 100%를 향하여 가끔 지하철에서 나오는 안내 방송까지도 따라 해본다. 하지만 이런 열정이 오늘의 나를 만들었다고 해도 과언이 아니다.

유창해지려면
따라쟁이가 되어봐! ──

간혹 라임에 처음 오는 아이 중에 정말 유창하게 영어를 읽는 아이들을 만난다.

"너 참 책을 유창하게 잘 읽는구나! 어떻게 이렇게 잘하니?"

대부분은 외국 생활 경험이 3년 이상이거나, 드물지만 영어 유치원을 나온 경우였다. 이 아이들의 공통점을 잘 들여다보면 영어를 모국어 또는 제2외국어로 사용하는 분들과 함께 보낸 시간이 상대적으로 많다는 것이다. 이들과 함께 수업하거나 시간을 보내면서 아이들은 그들의 유창한 발음을 알게 모르게 따라 하게 되는 것이다.

자, 그럼 유창한 게 좋은 것일까? 유창하게 읽거나 말함으로써 얻어지는 장점은 많다. 읽고 있는 것을 이해하기 쉽고, 듣는 사람 처지에서 듣는 것도 즐겁다. 하지만 꼭 유창하게 읽는다고 이해를 정말 다 하는 게 아니다. 물론 이해를 잘하는 아이가 반드시 유창하게 읽는 것도 아니다. 이렇게 유창하게 말하는 것은 아이들의 성향에 따라서 좌우된다. 한국어도 말을 유창하게 잘하는 사람이 반드시 지식이 많다고 단정 지을 수 없는 것처럼.

실제로 예전에 EBS 프로그램에서 반기문 장관과 유창하게 영어를 하는 사람을 비교하는 실험이 있었는데, 한국인들은 반 장관보다 후자의 사람이 훨씬 더 영어를 잘한다고 판단을 했다. 하지만 미국인들은 발표 내용이 훨씬 좋은 반 장관이 영어를 잘한다고 했다.

하지만 외국어인 영어를 유창하게 표현할 수 있다는 것은 한국에서는 분명히 엄청난 강점으로 두드러질 수 있다. 영어를 참 잘하지만, 로봇처럼 읽는다면 안타깝지 않을까? 예전에 반기문 유엔사무총장이 유엔에서 세계인을 앞에 두고 연설할 때를 떠올려보면 쉽게 가늠할 수 있다.

다시 말해 유창함이란 정확하게, 적절한 속도로, 표현력 있게 읽을 수 있는 능력이다. 그럼 우리 아이들이 어떻게 영어를 유창하게 읽고 말하게 할 것인가? 우선 문자 해독 능력이 좋아야만 한다. 앞에서 자주 강조했던 음운 인지(Phonological awareness)능력이 유창성에도 영향을 미친다는 것이다. 모르는 단어도 스스로 읽는 능력이 있으면 자신감도 높아진다. 이런 긍정적인 신호가 표현력 있게 영어를 읽도록 해준다.

그리고 알고 있는 단어가 많으면 이해력이 높아진다. 읽으면서 이해가 되니, 유창성도 함께 상승한다. 단어를 늘리려면 아이들 스스로 책을 많이 읽거나, 옆에서 함께 읽어주면 된다. 이 두 가지만 어린아이들이 습득하도록 하면 우리 아이들도 유창한 표현을 거침없이 말할 수 있다.

내 안에 누가, 누가 있을까? ——

내 손안에 연극 대본이 쥐어져 있다. 다양한 캐릭터들이 등장한다. 그 내용을 파악하고, 어떤 느낌으로 캐릭터를 연기해야 할지 고민한다. 정말 캐릭터답게 연기해야만, 관객들이 나에게 몰입할 수 있을 것이다.

아이들은 글을 정확하게, 적절한 속도로 읽는 데는 익숙해져 있다. 하지만 표현력 있게 읽는 것에는 익숙하지 않다. 표현력을 높이기 위해서 연극 대본을 읽듯이 함께 연습하면 한결 좋아진다. 아, 그런데 연극 대본이 없다고 걱정하지는 마라. 우리에게는 재미있는 영어 동화책이 있지 않은가! 동화책에는 많은 캐릭터가 등장하고, 다양한 감정이 흐르고 있기에 유창성을 연습하기엔 더없이 좋다.

"오늘 호랑이 목소리를 흉내 낼 사람은 누구?"

"어리석은 할아버지 역할을 해볼 사람은 누구?"

여러 번의 수업을 통해서 아이들이 책을 잘 소화한 상황이라면 이런 활동들은 너무나도 흥미롭고 효과적이다. 교사인 나도 놀랄 만큼 표현력이 좋은 아이들도 있고, 부끄러워서 표현을 꺼리는 친구들도 있다. 이럴 때 가장 좋은 방법은 집에서 동영상을 촬영해 보는 것이다. 친구들 앞에서 다른 목소리를 내어보는 것이 어색할 때는 가족들 앞에서 해보는 것도 좋다. 좀 더 편안한 환경이므로, 표현력 있게 읽을 수 있다.

우리 라임 아이들은 내가 얼마나 따라쟁이인지를 잘 안다. 내가 아이들 앞에서 여러 목소리로 소리를 내어 책을 읽어주기 때문이다. 이럴 때마다 아이들의 눈빛은 즐거움으로 빛난다.

혹여 부모님이 표현력 있게 읽어주는 게 힘드시다면 재미있게 책을 읽어주는 동영상을 찾아서 아이에게 보여주는 것도 아주 좋은 방법이다.

자, 내 안에 어떤 목소리가 존재하는지 오늘 한번 테스트해보는 건 어떨까?

생각을
정리해주는
마인드맵 ———

라임 연구소를 하면서 뒤늦게 입학한 대학원을 열심히 다니고 있을 무렵, 영문학과 관련 학술대회가 열린다는 소식을 듣고 "다양한 학문으로 영어를 알아볼 좋은 기회다!"라고 받아들였다. 내 예상대로 참석자들은 매우 다양한 주제로 발표를 했다. 나는 처음 참여했던지라, 모든 발표 주제가 흥미로워 보였다.

이 학술대회의 여러 발표 수업에 참여하면서 개인적으로 엄청 흥미로운 점을 발견했다. 한 발표 수업은 지극히 한국 스타일로 이루어졌는데, 진행자는 현직 고등학교 영어교사였다. 그와 다른 프레젠테이션을 준비하신 분은 미국교포 대학원생이었다.

두 분 모두 파워포인트 자료를 사용하는 건 같았지만, 내용은 너무도 확연히 달랐다. 앞의 고등학교 교사분의 PPT 자료는 많은 내용으로 가득 차 있었으며, 그 양도 매우 많았다. 나는 그 발표를 보면서 혼자 마음속으로 생각했다.

'저 많은 자료를 들여다보느라 발표자가 무슨 말을 하는지 모르겠네.'

반면, 그 교포 대학원생의 자료는 매우 간단했으며, 각 장의 슬라이드에는 키워드 몇 개와 이미지만 있었다. 나는 또 그걸 보면서 이렇게 생각했다.

'발표자가 전달하려는 메시지와 부합된 이미지와 키워드가 있으니 이해가 잘되네.'

그 두 사람이 발표를 마치고 난 후, 전자보다는 후자의 내용이 훨씬 기억에 오래 남았다.

그 이유가 무엇일까?

발표자의 생각이 정리되지 않으면 발표 자료가 매우 복잡하고, 눈에 들어오지 않는다는 걸 알았다. 이 차이점을 이해한 나는 대학원 발표시간에 매우 유용하게 이걸 활용했다. 다행히도 발표 점수는 상상하는 대로이다. 내가 만일 그 학술대회에 가지 않았다면 아마도 발표 수업을 위해 고군분투했을 것이다.

아마 눈치를 채신 분들도 있을 거다. 우리의 교육환경에서는 자기 생각을 시각화하는 연습을 거의 받지 못했다. 그래서 우리나라

교육환경에서 자란 사람이라면 누구나 자신이 무엇을 발표 자료로 시각화를 해야 하는지 어려울 수밖에 없다. 나에게 그래픽 조직도(Graphic organizer)란 중고등학교 때나 되어서야 접해 본 어려운 공식 같은 거라는 생각이 들었다.

그럼 미국교포인 그분은 어떻게 그리 멋진 시각화된 자료를 잘 만들어낸 것일까? 그 해답을 찾기 위해서 지금부터 다 같이 미국의 교육시스템을 한번 들여다보자!

너와 나의 연결고리 ———

미국 유치원 교실 안이다. 칠판 위에 'color(색깔)'라는 단어를 가장 중앙에 있는 동그라미 안에 적는다.

"오늘은 색깔에 대해 함께 mind-map(생각지도)을 만들어 보아요."

중앙의 동그라미에서 여러 선이 뻗어져 나간다. 그 연결된 선 끝에 다시 동그라미들이 달린다. "무슨 색깔을 알고 있니?"라는 선생님의 질문에 아이들은 "빨강, 노랑, 파랑, 초록……"이라고 대답한다.

빨강이라는 동그라미에서 또다시 선이 뻗어 나가 동그라미가 주렁주렁 달린다.

"너의 주위에 빨강인 것들은 무엇이 있을까?"

"빨강은 너에게 어떤 감정이 들게 하니?"

선생님은 다시 아이들에게 여러 질문을 던진다. 이 질문들을 통하여 아이들은 '빨강'이라는 색깔에 관한 생각을 연결한다. 빨강은 그냥 빨강이지, 빨강이라는 색깔에 대해 그렇게 깊이 고민하고, 다른 것들과 연결하여 생각해 본 적이 없었던 우리에게는 매우 생소한 장면일 것이다.

마인드맵은 꼭 단어나 구 또는 문장이 아니라, 그림으로도 충분히 가능하다. 이렇듯 미국 아이들은 매우 어렸을 때부터 이런 연결성을 시각화하는 훈련을 자연스럽게 받고 있다. 당연히 이런 교육을 받은 미국교포 대학원생의 프레젠테이션 자료는 우리와 그리 달랐던 거다.

누구보다도 미국 교과서 관련 교사용 자료(Teacher's guide)를 많이 가지고 있는 나였지만, 무척 놀랐다. 거의 모든 장르의 글들을 매우 다양한 그래픽 조직도로 정리하게 되어있었다.

모든 교육과정에 이들을 포함하고 있는 배경은 다음과 같다.

Decades of research with various age groups and in different content areas has shown that in general, when graphic organizers are incorporated into instruction, student learning improves.

(다양한 연령층 및 다양한 콘텐츠 영역에서 수십 년간의 연구를 통해 일
반적으로 그래픽 조직도가 교육에 통합될 때 학생 학습이 향상된다는 것
을 보여주었다.)

2002년 미국특별교육센터(Hall & Strangman) 연구자들이 미국
교육연구센터(Center for Applied Special Technology)에서 발간한
〈Graphic organizers(그래픽 조직도)〉에 이렇게 밝혀져 있다. 이처
럼 아이들의 교육에 이 그래픽 조직도가 매우 효과적이기 때문일
거다. 다행히 요즘 우리나라에서도 유치원 교육에서 마인드맵이 조
금씩 활용되고 있는 거 같다.

영어 글쓰기가 자신 있어요! ——

우리가 살아오면서 글을 쓴다는 것은 그리 쉬운 일이 아니다. 당신에게 어떤 주제를 하나 던져주었다. 이제 글쓰기를 시작해야 한다. 자, 그럼 무엇부터 시작해야 할까?

나와 같이 막막하진 않은가? 이 문제를 해결해 줄 멋진 방법이 여기에 있다.

역시 바로 그래픽 조직도가 해답이다!

주제에 관련된 단어들을 시각적으로 한 페이지에 배열하고, 그 개념들을 연관 지어 보는 것이다. 이는 글쓰기에 어려움을 겪는 사람들을 도울 수 있는 간단하지만 강력한 도구가 되어 준다. 만약 내가 짧은 이야기를 쓰고 싶다면 'Story plot(이야기 구상)'이라는 그래픽 조직도를 사용해 보는 것이다.

"주인공은 누굴까?", "이야기 장소를 어디로 해볼까?", "언제 일어난 이야기일까? 주인공이 겪는 문제는 무엇일까?", "주인공이 그 문제를 어떻게 극복했을까?"

우아! 이런 조직도를 만들고 나면 이야기를 써가는 데 훨씬 수월하다. 실질적으로 아이들과 수업을 한 후, 아이들만의 새로운 이야기를 쓸 때 사용하고 있다.

Story Map

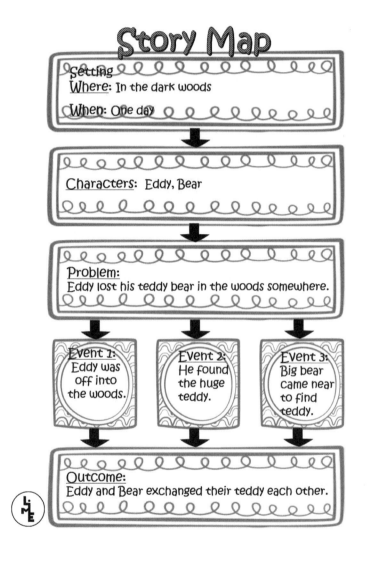

Setting
Where: In the dark woods

When: One day

Characters: Eddy, Bear

Problem:
Eddy lost his teddy bear in the woods somewhere.

Event 1:
Eddy was off into the woods.

Event 2:
He found the huge teddy.

Event 3:
Big bear came near to find teddy.

Outcome:
Eddy and Bear exchanged their teddy each other.

이야기 지도

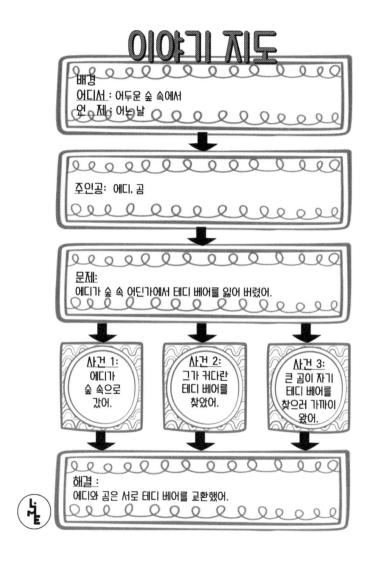

배경
어디서 : 어두운 숲 속에서
언 제 ; 어느 날

주인공: 에디, 곰

문제:
에디가 숲 속 어딘가에서 테디 베어를 잃어 버렸어.

사건 1:
에디가
숲 속으로
갔어.

사건 2:
그가 커다란
테디 베어를
찾았어.

사건 3:
큰 곰이 자기
테디 베어를
찾으러 가까이
왔어.

해결 :
에디와 곰은 서로 테디 베어를 교환했어.

노트

글의 종류만큼이나 다양한 종류의 그래픽 조직도들이 있다. 인터넷에서 손쉽게 자료들을 찾고 출력도 할 수 있다. 함께 활용해 보면 놀라운 효과를 볼 수 있을 것이다. 그래픽 조직도를 자주 사용하다 보면 아이들 스스로 생각을 잘 정리하는 습관이 생기고, 더불어 글을 쓸 때도 많은 도움을 받을 수 있다.

아이들과 어떤 그래픽 조직도를 사용해 볼지, 함께 고민해보자.

〈끝〉

"쉿~! 영어의 미로를
벗어날 수 있는 비밀 지도를 알려줄게"

골드키즈야, 엄마랑 영어놀이터에서 놀자!

초 판 1쇄 인쇄 | 2020년 5월 12일
초 판 1쇄 발행 | 2020년 5월 20일

지은이 | 이미화

펴낸이 | 조선우
펴낸곳 | 책읽는귀족

등록 | 2012년 2월 17일 제396-2012-000041호
주소 | 경기도 고양시 일산서구 대산로 123, 현대프라자 342호(주엽동, K일산비즈니스센터)

전화 | 031-944-6907 • 팩스 | 031-944-6908
홈페이지 | www.noblewithbooks.com
E-mail | idea444@naver.com

출판 기획 | 조선우 • 책임 편집 | 조선우
표지 & 본문 디자인 | twoesdesign

값 15,000원
ISBN 979-11-90200-06-6 (03370)

- -

이 도서의 국립중앙도서관 출판예정도서목록(CIP)은
서지정보유통지원시스템 홈페이지(http://seoji.nl.go.kr)와
국가자료공동목록시스템(http://www.nl.go.kr/kolisnet)에서
이용하실 수 있습니다.
(CIP제어번호: CIP2020017865)